lonely planet

MIAMI

EN QUELQUES JOURS

W0284628

Regis St Louis

Dans ce guide

L'essentiel

Pour aller droit au but et découvrir la ville en un clin d'œil

Les basiques
À savoir avant de partir

Les quartiers
Se repérer

Explorer Miami

Sites et adresses quartier par quartier

Les incontournables
Pour tirer le meilleur parti de votre visite

100% Miami
Vivre comme un habitant

Miami selon ses envies

Les meilleures choses à voir, à faire, à tester...

Les plus belles balades
Découvrir la ville à pied

Envie de...
Le meilleur de Miami

Carnet pratique

Trucs et astuces pour réussir votre séjour

Hébergement
Une sélection d'hôtels

Transports et infos pratiques

Miami selon ses envies 127

Les plus belles balades

Envie de...

Carnet pratique 147

L'essentiel

Bienvenue à Miami

Plages ensoleillées et édifices Art déco : c'est dans ce cadre attrayant que vous découvrirez les nombreux atouts de Miami, en particulier sa scène artistique en plein essor. Ici, la créativité est reine : galeries de street art à ciel ouvert, restaurants aux inspirations variées ainsi que de nombreux festivals. Ajoutez-y une bonne dose de culture latino, de chaudes journées à la plage et une vie nocturne bien remplie, et vous aurez l'une des villes les plus captivantes d'Amérique.

South Beach (p. 32)
MIAMI2YOU/SHUTTERSTOCK ©

Miami
Les incontournables

Art Deco Historic District (p. 26)

Le quartier Art déco le plus fascinant d'Amérique.

Wynwood Walls (p. 74)

Une incroyable collection de street art.

Pérez Art Museum Miami (p. 54)

L'épicentre de l'art contemporain à Miami.

Vizcaya Museum & Gardens (p. 102)

Un palais européen à Biscayne Bay.

Adrienne Arsht Center for the Performing Arts (p. 56)

Le meilleur centre d'arts du spectacle de Miami.

Bayfront Park (p. 58)

Un parc de Downtown en front de mer.

GALINA SAVINA/SHUTTERSTOCK ©

Fairchild Tropical Garden (p. 114)

Les plus jolis jardins de Floride du Sud.

Biltmore Hotel (p. 116)

Beauté architecturale des années 1920.

100% Miami
Vivre comme un habitan

Conseils d'initiés pour découvrir le vrai Miami

Miami ne se résume pas à ses belles plages. C'est une ville à l'architecture avant-gardiste, aux galeries d'art reconnues et aux îles luxuriantes proches du centre-ville. L'exploration de ses divers quartiers fait partie des attraits du voyage.

Boutiques indépendantes de South Beach (p. 28)

▶ ☑Boutiques attrayantes ☑Délicieux bars et restaurants

Art et design (p. 76)

▶ ☑ Art public surréaliste ☑ Jolies boutiques

Downtown et Brickell (p. 60)

▶ ☑ Vue des toits ☑ Exploration urbaine

Balade à Coconnut Grove (p. 104)

▶ ☑Front de mer de rêve ☑Bars et cafés indépendants

Key Biscayne (p. 90)

▶ ☑Aventures nautiques ☑Dîners avec vue

ROSALRENEBETANCOURT 7/ALAMY STOCK PHOTO ©

Autres lieux pour vivre le Miami des habitants :

Cinéma en plein air (p. 38)

South Pointe Park (p. 36)

Jardin secret (p. 35)

Miami casher (p. 51)

Un dîner de produits frais et locaux (p. 67)

Boxelder (p. 86)

Festival mensuel (p. 82)

Cinéma de légende (p. 96)

Art et musique (p. 110)

Cuisine japonaise (p. 123)

L'Upper East Side (p. 88)

▶ ☑ Parcs de quartier ☑ Cocktails au bord de la piscine

Miami en 4 jours

1er jour

Commencez par une balade sur le joli rivage de South Beach. Passez au petit **Art Deco Museum** (p. 32) pour vous faire un aperçu de ce quartier à l'architecture fabuleuse. Puis promenez-vous dans Ocean Drive pour contempler *in situ* les magnifiques bâtiments Art déco, tous plus étonnants les uns que les autres avec leur décoration aux motifs tropicaux.

Déjeunez de fruits de mer au **Joe's Stone Crab Restaurant** (p. 37), puis baladez-vous dans Lincoln Rd, un boulevard piéton bordé de belles boutiques et de restaurants en plein air. Consultez les romans de **Books & Books** (p. 42), puis achetez des tongs chez **Havaianas** (p. 42) et des vêtements tape-à-l'œil chez **Alchemist** (p. 29).

Le soir, savourez la cuisine gastronomique du Sud au **Yardbird** (p. 36). Assistez à un spectacle au **Fillmore Miami Beach** (p. 41) ou à un concert au **New World Center** (p. 32). Terminez la soirée au **Bodega** (p. 38), un stand de tacos associé à un fabuleux bar caché. Pour un peu plus d'animation, préférez le **Mango's Tropical Café** (p. 38) où vous passerez une chaude nuit latino.

2e jour

La journée à Wynwood commence par des pâtisseries au **Salty Donut** (p. 81) et un expresso au **Panther Coffee** (p. 82). Partez ensuite explorer les galeries et boutiques de ce fascinant quartier. Admirez les dernières fresques des **Wynwood Walls** (p. 74), achetez des souvenirs chez **Malaquita** (p. 87) et découvrez les remarquables installations du **Margulies Collection at the Warehouse** (p. 80).

Passez l'après-midi au **Pérez Art Museum Miami** (p. 54), qui abrite d'excellentes expositions contemporaines – et un superbe café où déjeuner. Admirez ensuite quelques sculptures de Noguchi au **Bayfront Park** (p. 58) et joignez-vous aux habitants qui se détendent sur la pelouse au bord de l'eau.

Retournez à Wynwood pour voir le quartier de nuit. Réservez au restaurant tendance **Kyu** (p. 83), prenez quelques bières artisanales au **Wynwood Brewing Company** (p. 85), puis écoutez un groupe jouer dans le jardin du **Gramps** (p. 86), au **Wynwood Yard** (p. 85) ou au **Lagniappe** (p. 84). Plus tard, rejoignez fêtards et DJ au **Bardot** (p. 85).

Votre temps est précieux !
Nous avons concocté pour vous des itinéraires détaillés qui vous permettront d'optimiser le peu de temps dont vous disposez.

3e jour

Consacrez la matinée aux luxuriants jardins et à la villa chargée d'art et d'objets anciens des **Vizcaya Museum & Gardens** (p. 102). Allez ensuite à Coconut Grove pour faire du lèche-vitrines et grignoter (goûtez une glace chez **Bianco Gelato** ; p. 105). Admirez la mer depuis le **Barnacle Historic State Park** (p. 105), puis déjeunez au **Spillover** (p. 109).

Prenez une dose de culture latino à Little Havana. Observez les joueurs de dominos au **Máximo Gómez Park** (p. 95), renseignez-vous sur l'histoire cubaine au **Cuban Memorial Park** (p. 95), puis achetez *guayaberas* (chemises cubaines) et cigares dans 8th St. Prenez un jus de fruits pressés à **Los Pinareños Frutería** (p. 97).

Dînez tôt au **Versailles** (p. 96), emblématique table cubaine. Rejoignez ensuite l'intimiste **Cubaocho** (p. 98), où l'on écoute, entre autres, latin jazz, flamenco et son cubain. Plus animé, le **Ball & Chain** (p. 97) a une vaste programmation musicale et d'événements, dont de la salsa – avec cours gratuits – certains soirs.

4e jour

Explorez le côté sauvage de Miami au **Fairchild Tropical Garden** (p. 114), doté de sections de forêt tropicale, de papillons colorés et de jolis sentiers dans les bois. Remontez ensuite jusqu'à Coral Gables pour une promenade dans le Miracle Mile bordé de boutiques. Renseignez-vous sur ce curieux village à la construction planifiée au **Coral Gables Museum** (p. 121).

Passez au **Threefold** (p. 122) pour son *flat white* et ses plats créatifs. S'il fait chaud, allez vous rafraîchir dans la **Venetian Pool** (p. 120), l'une des plus jolies piscines d'Amérique. Autrement, direction le **Biltmore Hotel** (p. 116) pour découvrir ce bâtiment grandiose inspiré de la Giralda de Séville. N'oubliez pas de prendre un verre dans l'élégant restaurant au bord de la piscine.

Rejoignez le centre-ville pour un festin de fruits de mer au **River Oyster Bar** (p. 67). Assistez ensuite à un spectacle à l'**Adrienne Arsht Center for the Performing Arts** (p. 56). Terminez dans un bar sur un toit de Downtown, comme le **Sugar** (p. 61), l'**Area 31** (p. 68) ou le **Pawnbroker** (p. 69).

Les basiques

Reportez-vous au *Carnet pratique* (p. 147) pour plus d'informations

Monnaie
Dollar US ($)

Langue
Anglais, espagnol

Visas
La France, la Belgique, la Suisse, et le Luxembourg bénéficient du "Programme d'Exemption de Visa", à condition d'avoir obtenu une autorisation électronique de voyage (ESTA).

Argent
On trouve des DAB partout, mais les retraits effectués avec une carte étrangère à l'État de Floride entraînent souvent un supplément de 3 $ environ. Les principales CB sont généralement acceptées.

Smartphones
Attention aux frais d'itinérance : désactiver les données mobiles. Utiliser le Wi-Fi ou une carte SIM locale, ou acheter auprès de son opérateur une extension "étranger" incluant appels, SMS et connexions Internet sur place.

Heure locale
Heure de l'Est (GMT/UTC - 5)

Pourboires
Aux États-Unis, il est d'usage de laisser un pourboire. Au restaurant, comptez entre 15 et 20% de la note. Dans les bars, c'est souvent 1 $ par boisson.

1 Avant de partir

Budget quotidien

Moins de 150 $

- Lits en dortoir : 30-50 $
- Repas pris à un food truck : 10 $
- Boissons en happy hour : à partir de 5 $

De 150 $ à 300 $

- Chambre standard : 150-250 $
- Dîner de catégorie moyenne : 30-50 $
- Cocktail élaboré dans un bar lounge : 12-16 $

Plus de 300 $

- Entrée en discothèque : à partir de 20 $
- Dîner dans un restaurant haut de gamme : à partir de 60 $
- Journée au spa : à partir de 150 $

Sites Web

Miami (www.miamiandbeaches.com). Excellent portail vers les quartiers de Miami.

New Times (www.miaminewtimes.com/restaurants). Vernissages, concerts et critiques de restaurants et d'établissements nocturnes.

Miami Nice (www.miaminicemag.com). Blog local sur la mode, la cuisine et la culture.

Miami Bites (www.miabites.com). Un blog avec les dernières tendances culinaires.

Lonely Planet (www.lonelyplanet.com/miami). Renseignements et forum des voyageurs.

À prévoir

Un mois avant Réservez vos billets pour les grands événements.

Deux semaines avant Réservez une table dans les grands restaurants.

Une semaine avant Trouvez en ligne les nouveaux bars ou restaurants et les expositions.

2 Arriver à Miami

Depuis l'aéroport international de Miami

Les taxis de l'aéroport international de Miami appliquent un forfait pour South Beach (40 minutes, 35 $). Le Miami Beach Airport Express (bus n°150) coûte 2,65 $ et s'arrête tout le long de Miami Beach, de 41st St à la pointe sud. Les vans partagés SuperShuttle pour South Beach coûtent environ 22 $.

Depuis l'aéroport international de Fort Lauderdale-Hollywood

GO Airport Shuttle propose des vans partagés pour Miami, comptez autour de 25 $ pour South Beach. En taxi (avec compteur), comptez environ 75 $ jusqu'à South Beach et 65 $ jusqu'à Downtown.

Les conséquences de l'ouragan Irma ?

Le 10 septembre 2017, l'un des plus puissants ouragans jamais enregistrés a frappé l'État de Floride, avec des vents à plus de 215 km/heure, causant inondations, destructions et pannes de courant. Ce sont les Keys et les Everglades qui ont le plus souffert de la tempête.

Les recherches pour ce guide ont été menées avant qu'Irma ne touche la Floride et que ses effets ne soient connus. La plupart des villes ont annoncé leur intention d'être vite prêtes à accueillir les visiteurs. Cependant, nous vous invitons à consulter les sites Web officiels pour obtenir des informations à jour, notamment concernant les lieux ou prestataires fermés.

3 Comment circuler

Voiture de location

Pratique pour se déplacer mais le stationnement revient cher. Les conducteurs à Miami sont parfois agressifs et les embouteillages intenses.

Taxi et service de covoiturage

Pratique pour les destinations intermédiaires si l'on ne souhaite pas conduire, mais peut revenir cher pour de longues distances. Les taxis sont difficiles à héler dans la rue ; appelez ou utilisez une application pour que l'on vous récupère.

Bus

Réseau vaste mais lent pour de longs trajets.

Metromover

Le Metromover, à la fois bus, monorail et train, est pratique dans Downtown Miami.

Trolley

Service gratuit avec plusieurs lignes à Miami Beach, Downtown, Wynwood, Coconut Grove, Coral Gables, Little Havana et dans d'autres quartiers. Le trolley (www.miamigov.com/trolley) est en fait un bus hybride électrique déguisé en tramway orange et vert.

Train

Metrorail est un réseau de 33 km de long doté d'une ligne aérienne qui part de Hialeah, traverse Downtown Miami et rejoint Kendall/Dadeland. Payez via l'Easy Card rechargeable ou l'Easy Ticket, en vente dans les distributeurs des stations Metrorail.

Le train régional à étage Tri-Rail parcourt les 114 km entre les comtés de Dade, de Broward et de Palm Beach.

Citi Bike

Réseau de vélos en libre-service à Miami et Miami Beach. Le retrait est facile à une borne avec une carte bancaire. Toutefois, le vélo peut être dangereux en cas de circulation dense.

Miami
Les quartiers

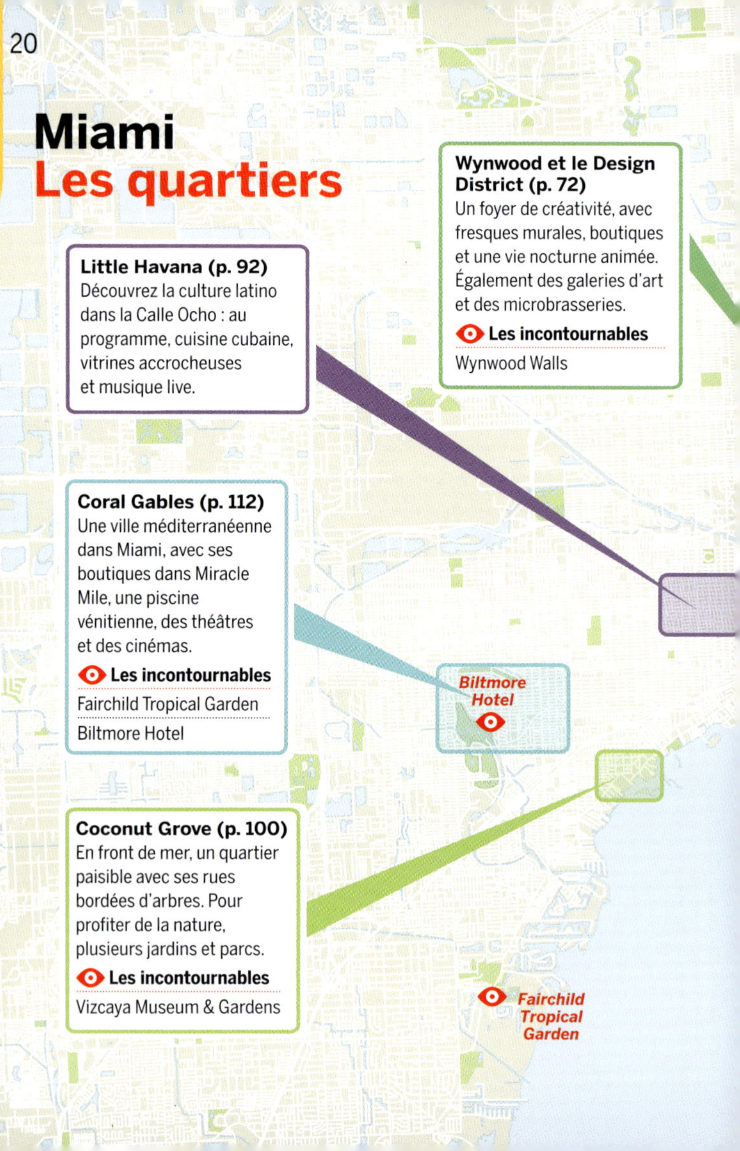

Little Havana (p. 92)
Découvrez la culture latino dans la Calle Ocho : au programme, cuisine cubaine, vitrines accrocheuses et musique live.

Wynwood et le Design District (p. 72)
Un foyer de créativité, avec fresques murales, boutiques et une vie nocturne animée. Également des galeries d'art et des microbrasseries.

Les incontournables
Wynwood Walls

Coral Gables (p. 112)
Une ville méditerranéenne dans Miami, avec ses boutiques dans Miracle Mile, une piscine vénitienne, des théâtres et des cinémas.

Les incontournables
Fairchild Tropical Garden
Biltmore Hotel

Coconut Grove (p. 100)
En front de mer, un quartier paisible avec ses rues bordées d'arbres. Pour profiter de la nature, plusieurs jardins et parcs.

Les incontournables
Vizcaya Museum & Gardens

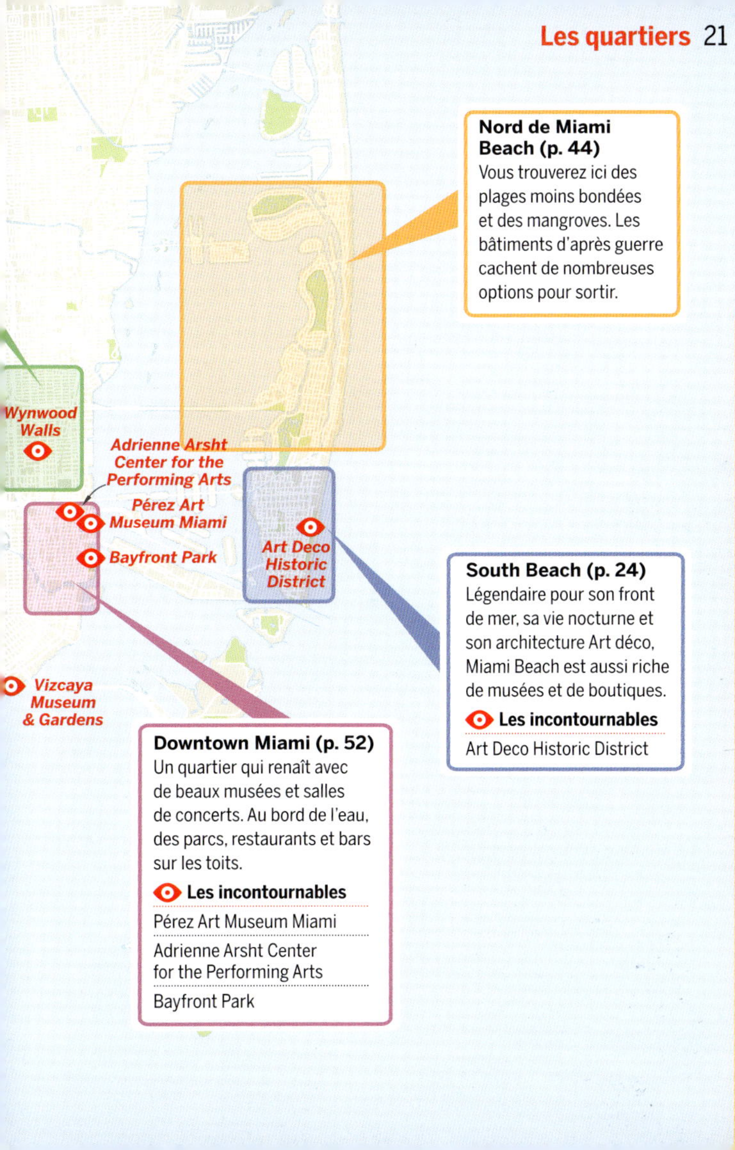

Nord de Miami Beach (p. 44)

Vous trouverez ici des plages moins bondées et des mangroves. Les bâtiments d'après guerre cachent de nombreuses options pour sortir.

South Beach (p. 24)

Légendaire pour son front de mer, sa vie nocturne et son architecture Art déco, Miami Beach est aussi riche de musées et de boutiques.

Les incontournables

Art Deco Historic District

Downtown Miami (p. 52)

Un quartier qui renaît avec de beaux musées et salles de concerts. Au bord de l'eau, des parcs, restaurants et bars sur les toits.

Les incontournables

Pérez Art Museum Miami

Adrienne Arsht Center for the Performing Arts

Bayfront Park

Explorer
Miami

Vaut le détour

La *skyline* de Miami
SEANPAVONEPHOTO/GETTY IMAGES ©

Explorer

South Beach

Quartier le plus emblématique de l'agglomération de Miami, South Beach est un vertigineux paysage de plages étincelantes, de beaux édifices Art déco, de boutiques de luxe et de bars et restaurants animés. Malgré son côté glamour, le quartier a plus à offrir que des soirées sélectes et des logements chers. On y trouve de charmants petits bars, de bons restaurants ethniques et d'excellents musées.

L'essentiel en un jour

Commencez par une promenade matinale sur le front de mer. Prenez un petit-déjeuner sain avec un bon café au **Dirt** (p. 34). Ensuite, parcourez les rues de l'**Art Deco Historic District** (p. 26) pour les photographier. Puis plongez à nouveau dans l'art et le design à l'excellent **Wolfsonian-FIU** (p. 32).

À midi, direction le **Pubbelly** (p. 36) à Sunset Harbour pour une cuisine créative aux accents internationaux. Parcourez ensuite les boutiques de la rue voisine et prenez une douceur pour plus tard chez **True Loaf** (p. 28), qui vend de délicieuses pâtisseries. Rejoignez Lincoln Road, une attrayante rue piétonne bordée de boutiques et de cafés.

En fin d'après-midi, allez au **Sweet Liberty** (p. 38) pour ses boissons et ses huîtres en happy hour. Assistez à un spectacle au **Colony Theatre** (p. 41), puis dînez à l'élégant **Yuca** (p. 38). Enfin, rejoignez les fêtards au **Kill Your Idol** (p. 39) ou bien au **Bodega** (p. 38).

Pour une journée 100% Miami à South Beach, reportez-vous p. 28.

Les incontournables

Art Deco Historic District (p. 26)

100% Miami

Boutiques indépendantes de South Beach (p. 28)

Le meilleur du quartier

Prendre un verre et sortir

Sweet Liberty (p. 38)

Mango's Tropical Café (p. 38)

Se restaurer

Yardbird (p. 36)

Pubbelly (p. 36)

Shopping

Nomad Tribe (p. 42)

Books & Books (p. 42)

Comment y aller

Bus Depuis Downtown, les bus n^{os}120 (qui remonte NE 1st Ave) et 103 (qui remonte Biscayne Blvd) conduisent à South Beach via la MacArthur Causeway.

Bateau Le ferry Water Taxi Miami circule entre South Beach et le Bayside Marketplace de Downtown Miami.

Vélo La Venetian Causeway est l'itinéraire le plus sûr entre Miami et Miami Beach.

Les incontournables
Art Deco Historic District

Mondialement connu, le quartier Art déco de Miami Beach respire l'exubérance : une architecture aux lignes audacieuses, aux motifs tropicaux fantaisistes et aux couleurs évoquant toute la beauté du paysage de Miami. Inscrits au Registre américain des sites historiques (National Register of Historic Buildings), les 800 édifices Art déco sont uniques et la balade parmi ces bâtiments, qui ont de plus été très bien restaurés, captive les promeneurs.

Plan p. 30, D4

Ocean Dr

Hôtel Cavalier

Histoire

En 1926, un ouragan dévasta l'île et une grande partie du sud de la Floride. Lors de la reconstruction, Miami Beach entra dans une spectaculaire renaissance, devenant l'épicentre d'un design avant-gardiste qui se propagea en Europe. Des centaines d'hôtels y furent construits dans les années 1930 pour accueillir les touristes de classe moyenne venus profiter de la plage et du soleil. L'âge d'or de l'architecture Art déco se poursuivit jusqu'à la Seconde Guerre mondiale.

Style Art déco

Le style était très lié à l'époque. La fin des années 1920 et les années 1930 furent une époque d'invention (radio, nouvelles automobiles, bateaux de croisière et engins profilés). Les architectes donnèrent à ces éléments des lignes épaisses, parfois couplées à des zigzags ou à d'élégantes courbes, créant une illusion de mouvement, de marche vers le futur.

À Miami Beach, les architectes incorporèrent aussi des motifs locaux tels que palmiers, flamants et plantes tropicales. Les thèmes nautiques apparurent aussi, figurés par des vagues, des hippocampes, des étoiles de mer et des phares. Ce style fut ensuite appelé "Art déco tropical".

Le meilleur d'Ocean Drive

Une collection des plus étonnants bâtiments Art déco de Miami Beach occupe une portion d'Ocean Dr. Entre 11th St et 14th St, de nombreux éléments Art déco classiques sont visibles sur des ouvrages joliment conçus – chacun doté d'une personnalité propre. Citons, pour leur épatante architecture Art déco, le Congress Hotel, qui évoque les grands cinémas des années 1930, l'hôtel Tides (www.tidessouthbeach.com) au thème nautique et le Cavalier (www.cavaliersouthbeach.com) avec ses hippocampes.

☑ À savoir

- Allez-y tôt le matin, il y a moins de monde et la lumière est idéale pour les photos.
- Pour vous plonger dans l'architecture, suivez la visite guidée pédestre quotidienne de la Miami Design Preservation League (p. 157).
- Terminez l'expérience Art déco par les excellentes expositions à l'Art Deco Museum (p. 32) ou au Wolfsonian-FIU (p. 32), tous deux voisins.

Une petite faim ?

Passez au **Pinocchio** (☎305-672-3535 ; 760 Ocean Dr, entrée par 8th St ; plats 7-11 $; ⌚8h-18h) pour un sandwich, une glace et un excellent expresso. Terminez ce voyage dans le passé par un repas à l'**11th St Diner** (☎305-534-6373 ; www.eleventhstreetdiner.com ; 1065 Washington Ave ; plats 10-20 $; ⌚7h-minuit dim-mer, 24h/24 jeu-sam), aménagé dans un wagon des années 1940.

100% Miami
Boutiques indépendantes de South Beach

Le quartier Art déco de Miami Beach ne se résume pas à de beaux hôtels et une vie nocturne animée. À l'écart d'Ocean Dr, des promenades bordées de palmiers et une enclave shopping face à la baie attirent les fashionistas de South Beach. Outre la mode hors de prix, ce sont surtout les boutiques indépendantes, les galeries et les cafés et boulangeries en plein air qui donnent à ce quartier tant de cachet.

❶ True Loaf

Commencez la journée au **True Loaf** (☎786-216-7207 ; 1894 Bay Rd ; 🕐7h-18h lun-sam, à partir de 8h dim ; pâtisseries 3-5 $) par des pâtisseries fraîches. La meilleure (et minuscule) boulangerie de South Beach propose croissants, tartes et kouign-amann.

❷ Panther Coffee

Adoré des locaux et encore peu connu des habitants d'Ocean Dr, le **Panther**

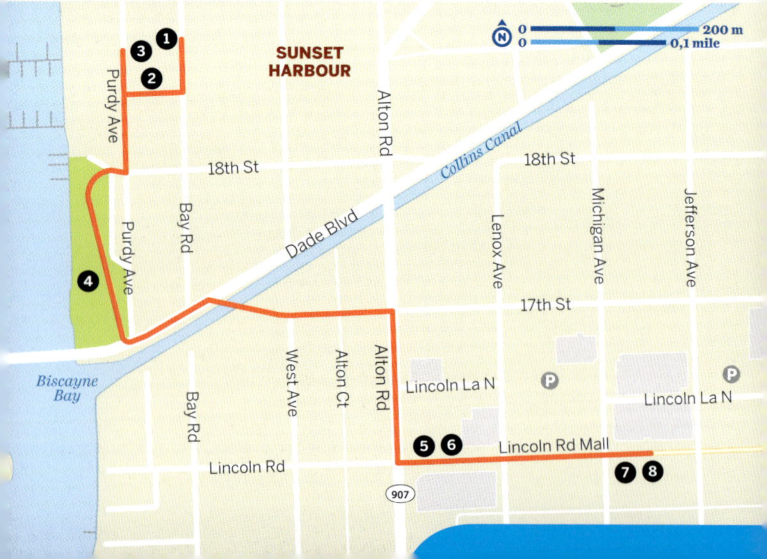

(www.panthercoffee.com, 1875 Purdy Ave ; 7h-21h ; pâtisseries 3-5 $; cafés 3-6 $) sert le meilleur café de la ville. On y trouve une terrasse, la même ambiance vintage-chic que dans la succursale de Wynwood et de délicieuses pâtisseries.

3 Sunset Clothing Co

Superbe petite **boutique** (www.facebook.com/SunsetClothingCo ; 1895 Purdy Ave ; 10h-20h lun-sam, 11h-18h dim) de mode pour des vêtements chics abordables (sans être bon marché non plus), tels que chemises de qualité, T-shirts en coton doux, chaussures en toile à lacets, jeans ajustés (dont des Levi's vintage), sweat-shirts chauds et autres vêtements décontractés. Service aimable et chaleureux.

4 Maurice Gibb Memorial Park

Petit **espace vert** (18th St et Purdy Ave) donnant sur l'eau, ce parc bordé de palmiers abrite une aire de jeux, des bancs et des pelouses. L'endroit est apprécié pour promener son chien, courir et sortir en famille. Prenez un instant pour admirer la vue, avec les bateaux et la Venetian Causeway en arrière-plan.

5 Alchemist

Cette **boutique** (305-531-4653 ; 1111 Lincoln Rd ; 10h-22h) haut de gamme propose des objets astucieux : bougies en boîtes de conserve à la Warhol, ouvre-bouteilles dorés, casques Beats de Dr Dre et lunettes de soleil miroir, indispensables pour la plage. Les vêtements sont assez avant-gardistes.

6 Taschen

Une jolie **collection** (305-538-6185 ; www.taschen.com ; 1111 Lincoln Rd ; 11h-21h lun-jeu, jusqu'à 22h ven-sam, 12h-21h dim) bien fournie d'ouvrages d'art, de photographie, de design et de beaux livres. Quelques volumes méritent d'être feuilletés, notamment les livres d'art colorés de David Hockney et ceux des paysages peuplés d'humains de Sebastião Salgado.

7 ArtCenter/South Florida

Créé en 1984 par un groupe d'artistes progressistes, ce **centre** (305-674-8278 ; www.artcentersf.org ; 1er ét., 924 Lincoln Rd ; 11h-19h lun-ven, 12h-20h sam-dim) est le cœur créatif de South Beach. Outre les 52 ateliers d'artistes (beaucoup sont ouverts au public), l'ArtCenter propose une programmation intéressante de cours et de conférences. Les résidences sont réservées aux artistes peu connus, c'est donc l'endroit idéal pour repérer de futurs talents. La rotation mensuelle des expositions permet d'offrir une présentation toujours actualisée.

8 Tocaya Organica

Tocaya Organica (305-909-0799 ; www.tocayaorganica.com ; 920 Lincoln Rd ; 11h-minuit lun-jeu, jusqu'à 2h ven-dim) sert une délicieuse cuisine mexicaine moderne aux nombreuses options saines et végétariennes. Le menu est à composer soi-même : salades, tacos, burritos ou bols de légumes, à agrémenter de protéines (dorade, saucisse végétarienne ou steak grillé) et de fromage au choix. Bon appétit !

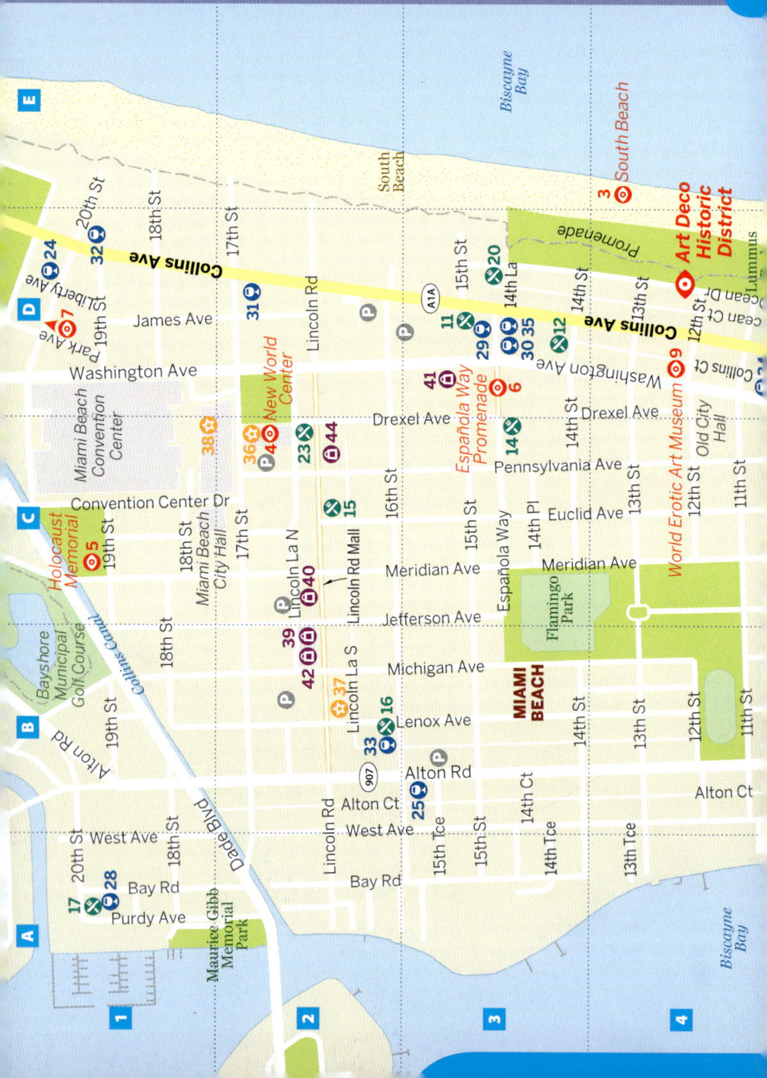

Art Deco Historic District
South Beach
World Erotic Art Museum
Española Way Promenade
New World Center
Holocaust Memorial
Miami Beach Convention Center
Miami Beach City Hall
Old City Hall
Flamingo Park
Bayshore Municipal Golf Course
Maurice Gibb Memorial Park
MIAMI BEACH
Biscayne Bay
Collins Canal
Promenade
Collins Ave
Washington Ave
Drexel Ave
Pennsylvania Ave
Euclid Ave
Meridian Ave
Jefferson Ave
Michigan Ave
Lenox Ave
Alton Rd
Alton Ct
West Ave
Bay Rd
Purdy Ave
Dade Blvd
Convention Center Dr
Lincoln Rd
Lincoln Rd Mall
Lincoln La N
Lincoln La S
James Ave
Liberty Ave
Park Ave
Ocean Dr
Ocean Ct
Collins Ct
Española Way
20th St
19th St
18th St
17th St
16th St
15th St
14th La
14th St
14th Pl
14th Ct
14th Tce
13th St
13th Tce
12th St
11th St
15th Tce
A1A
907

OCÉAN ATLANTIQUE
Art Deco Museum
Lummus Park
Promenade
South Beach
Ocean Beach Park
Pier Park
South Pointe Park
MIAMI BEACH
Collins Ave
Collins Ct
Ocean Dr
Ocean Ct
Washington Ave
Pennsylvania Ave
Euclid Ave
Meridian Ave
Jefferson Ave
Michigan Ave
Lenox Ave
Alton Rd
West Ave
Miami Beach Dr (5th St)
MacArthur Cswy
South Pointe Dr
Inlet Blvd
Commerce St
10th St
9th St
8th St
7th St
6th St
5th St
4th St
3rd St
2nd St
1st St
Jewish Museum of Florida-FIU
Miami Beach Marina
Pier A
Pier B
Pier C
Pier D
Pier E
Pier F
Pier G
Pier H
Pier J
Pier K
Pier L
Pier M
Nos adresses
Les incontournables p. 26
Voir p. 32
Se restaurer p. 34
Prendre un verre p. 38
Sortir p. 40
Shopping p. 42
0 500 m
0 0,25 mile
N
A B C D E
5 6 7 8

Voir

Wolfsonian-FIU

MUSÉE

1 Plan p. 30, D5

Visitez cet excellent musée du design au début de votre séjour pour remettre en contexte l'esthétique de Miami Beach. Voir comment richesse, loisirs et recherches esthétiques se manifestent à Miami Beach est une chose, comprendre les racines et les nuances des mouvements artistiques locaux en est une autre. En retraçant l'évolution de la vie quotidienne, le Wolfsonian-FIU révèle la manière dont ces tendances se sont manifestées sur les façades Art déco de South Beach. (305-531-1001 ; www.wolfsonian.org ; 1001 Washington Ave ; adulte/enfant 10/5 $, gratuit ven 18h-21h ; 10h-18h lun, mar, jeu et sam, jusqu'à 21h ven, 12h-18h dim, fermé mer)

Art Deco Museum

MUSÉE

2 Plan p. 30, D5

Ce petit musée est l'un des meilleurs endroits pour avoir une présentation du quartier Art déco. Vidéos, photos, maquettes et autres éléments dévoilent le travail novateur de Barbara Capitman, qui aida à sauver ces bâtiments d'une destruction certaine dans les années 1970, et sa collaboration avec Leonard Horowitz, le talentueux artiste à l'origine de la palette de couleurs pastel devenue partie intégrante du paysage actuel. (www.mdpl.org/welcome-center/art-deco-museum ; 1001 Ocean Dr ; 5 $; 10h-17h mar-dim, jusqu'à 19h jeu)

South Beach

PLAGE

3 Plan p. 30, E4

Quand on évoque Miami Beach, c'est généralement South Beach, ou "SoBe", que l'on imagine. Dans ce quartier, à l'architecture Art déco caractéristique, clubs, bars, restaurants (et les mannequins qui les peuplent) ne manquent pas. La plage est une jolie bande de sable doré, parsemée de postes de sauvetage Art déco colorés. Le bord de mer, où se mêlent locaux bronzés et nombreux touristes pâles, est bondé en haute saison (déc-mars) et le week-end quand il fait chaud. (Ocean Dr ; 5h-minuit)

New World Center

ÉDIFICE NOTABLE

4 Plan p. 30, C2

Conçue par Frank Gehry, cette salle de spectacles s'élève majestueusement sur une pelouse soignée juste au-dessus de Lincoln Rd. Outre le pouvoir impalpable de la musique, la façade de verre et d'acier présente des formes de voiles caractéristiques de Gehry qui permettent de façonner la superbe acoustique et participent à l'aspect futuriste de la salle. Dehors, le **SoundScape Park** (www.nws.edu ; 500 17th St) est un jardin public d'1 ha. (305-673-3330, visites 305-673-3331 ; www.newworldcenter.com ; 500 17th St ; visites 5 $; visites 16h mar et jeu, 13h ven-sam)

DUCKEESUE/SHUTTERSTOCK ©

Jewish Museum of Florida-FIU (p. 34)

Holocaust Memorial MÉMORIAL

5 Plan p. 30, C1

Ce mémorial consacré à l'Holocauste est particulièrement poignant. Parmi la centaine de sculptures, la pièce maîtresse est la Sculpture of Love and Anguish (Sculpture de l'amour et de l'angoisse) : un énorme bras en bronze oxydé et patiné est tatoué d'un numéro de déporté du camp d'Auschwitz – choisi pour représenter tous les prisonniers parce qu'il n'a jamais été attribué. Des familles terrifiées escaladent le bras, tentant de mettre leurs proches, dont des enfants, à l'abri, pour les voir ensuite massacrés. En bas, des silhouettes de tous âges sont dans des postures de souffrance. (www.holocaustmmb.org ; angle Meridian Ave et Dade Blvd ; 9h30-22h)

Española Way Promenade QUARTIER

6 Plan p. 30, D3

Española Way est une promenade espagnole "authentique"... comme un parc d'attractions floridien. Mais qu'importe, cette charmante rue pavée, dotée d'une arcade en terre cuite rose, à l'architecture espagnole, est idéale pour un repas en plein air, de jour comme de nuit, en observant les passants dans l'un des nombreux restaurants qui la bordent. (entre 14th St et 15th St)

The Bass

MUSÉE

7 Plan p. 30, D1

Le meilleur musée d'art de Miami Beach arbore une façade futuriste faite d'un habile jeu de lignes épurées et de murs d'un blanc immaculé – telle une église orthodoxe sur une île grecque. On doit sa réalisation en 1930 à Russell Pancoast (petit-fils de John A. Collins, qui a donné son nom à Collins Ave). La collection va des œuvres religieuses européennes du XVIe siècle aux peintures d'Europe du Nord et de la Renaissance. (305-673-7530 ; www.thebass.org ; 2121 Park Ave ; adulte/enfant 8/6 $; 12h-17h mer-jeu, sam-dim, jusqu'à 21h ven)

Jewish Museum of Florida-FIU

MUSÉE

8 Plan p. 30, C7

Installé dans une synagogue orthodoxe de 1936, qui accueillit la première congrégation de Miami, ce petit musée retrace l'importante contribution de la communauté juive dans l'État de Floride. Si les Cubains ont fait Miami, on peut dire que les Juifs ont fait Miami Beach, d'un point de vue matériel et culturel. Pourtant, il fut un temps où ils étaient bannis de la Riviera qu'ils avaient bâtie. L'histoire est présentée dans ce musée avec quelques éléments amusants (comme les robes de Purim en coquillages). (305-672-5044 ; www.jmof.fiu.edu ; 301 Washington Ave ; adulte/étudiant et senior 6/5 $, sam gratuit ; 10h-17h mar-dim, fermé les jours de fêtes juives)

Bon plan

South Beach à vélo

Le vélo est l'un des meilleurs modes de transport à South Beach. On trouve des dizaines de stations du réseau de vélos en libre-service Citi Bike. Il suffit de payer par carte bancaire et de choisir un vélo. Une application iPhone pratique (Citi Bike Miami) signale les stations à proximité.

World Erotic Art Museum

MUSÉE

9 Plan p. 30, D4

Dans un quartier où rien ne choque, le musée de l'Érotisme présente une collection non seulement impressionnante mais également de haute tenue artistique, avec notamment des Rembrandt et des Picasso. En 2005, Naomi Wilzig, âgée de 70 ans, a rendu publique sa collection de 5 000 objets. (305-532-9336 ; www.weam.com ; 1205 Washington Ave ; plus de 18 ans 15 $; 11h-22h lun-jeu, jusqu'à minuit ven-dim)

Se restaurer

Dirt

CAFÉ $

10 Plan p. 30, D6

Cet élégant café ensoleillé dans l'animation de 5th St attire une aimable clientèle de South Beach avec son bon café et une délicieuse cuisine saine. Quelques plats phares : wraps aux champignons rôtis et betterave, houmous de haricots bancs, et "bols" de chou kale sauté, pois chiches et autres délices. (www.dirteatclean.com ; 232 5th St ; plats 12-15 $; ⏲9h-21h)

Taquiza

MEXICAIN $

11 Plan p. 30, D3

Le Taquiza a très bonne réputation auprès des amateurs de cuisine de rue de Miami. Le stand, agrémenté de quelques tables en extérieur, sert de délicieux tacos de steak, porc, crevettes ou végétariens (mais pas de poisson) dans des tortillas au maïs bleu maison. Comme ils sont petits, commandez-en plusieurs. (☎305-748-6099 ; www.taquizamiami.com ; 1506 Collins Ave ; tacos 3,50-5 $; ⏲8h-minuit dim-jeu, jusqu'à 2h ven-sam)

La Sandwicherie

SANDWICHS $

12 Plan p. 30, D3

Fermée seulement quelques heures par jour, cette adresse de la taille d'un wagon de marchandises a du succès avec ses sandwichs à petit prix. Ingrédients plutôt classiques tels que bœuf rôti, saumon fumé, avocat ou mélanges comme jambon-mozzarella, à agrémenter de sauce pour un délicieux repas copieux. (☎305-532-8934 ; www.lasandwicherie.com ; 229 14th St ; plats 6-11 $; ⏲8h-5h dim-jeu, jusqu'à 6h ven-sam ; ✎)

100% Miami

Jardin secret

Luxuriant et peu connu, le Miami Beach Botanical Garden (plan p. 30, C1) est petit (1 ha seulement) mais c'est une véritable oasis secrète dans la jungle urbaine – avec palmiers, hibiscus et mares. Un lieu idéal pour un pique-nique.

Puerto Sagua

CUBAIN $

13 Plan p. 30, D6

Une communauté secrète de vieux travailleurs cubains et d'ouvriers du bâtiment se cache parmi les paillettes de South Beach, et c'est ici qu'ils mangent. Le Puerto Sagua prouve que les Cubains peuvent cuisiner aussi gras que les meilleurs *diners* américains. Les spécialités comme le *picadillo* (bœuf épicé avec riz, haricots et bananes plantains) sont très copieuses. (☎305-673-1115 ; 700 Collins Ave ; plats 8-18 $; ⏲7h30-2h)

A La Folie

FRANÇAIS $

14 Plan p. 30, C3

On se laisse facilement charmer par ce café français dans la jolie Española Way. Dégustez une salade de confit de canard, une délicieuse soupe à l'oignon ou une galette de sarrasin avant de passer aux crêpes dessert – essayez la Normande (pommes caramélisées et crème au Calvados). (☎305-538-4484 ; www.alafoliecafe.com ; 516 Española Way ; plats 10-17 $; ⏲9h-minuit ; ✎)

Gelateria 4D

GLACES $

15 Plan p. 30, C2

Il fait chaud. Vous avez marché toute la journée. Vous avez besoin d'une glace. La 4D tombe à pic ! Cette excellente adresse sert des glaces à l'européenne crémeuses et légères. Au vue de la file d'attente, c'est à n'en pas douter le meilleur glacier de South Beach. (305-538-5755 ; 670 Lincoln Rd ; 2/3 boules 6/8 $; 9h-minuit dim-jeu, jusqu'à 1h30 ven-sam)

Yardbird

CUISINE DU SUD $$

16 Plan p. 30, B2

Le Yardbird a acquis une clientèle fidèle grâce à ses délicieuses spécialités gastronomiques du Sud. On y sert crevettes au gruau de maïs, côtes St Louis, gombo grillé et petits pains à la poitrine de bœuf fumé, mais il est surtout connu pour sa délicieuse assiette de poulet frit, pastèque épicée et gaufres avec sirop d'érable au bourbon. (305-538-5220 ; www.runchickenrun.com/miami ; 1600 Lenox Ave ; plats 18-38 $; 11h-minuit lun-ven, à partir de 8h30 sam-dim ;)

> 100% Miami
>
> **South Pointe Park**
>
> La pointe située à l'extrême sud de Miami Beach a été transformée en un charmant **parc** (plan p. 30, C8 ; 305-673-7779 ; 1 Washington Ave ; lever du soleil-22h ;). On y trouve des pelouses soignées où paresser, une plage, une vue sur le bleu de l'océan, un restaurant, un stand de rafraîchissements, un miniparc aquatique pour enfants, des sentiers que parcourent de nombreux flâneurs venus profiter du beau temps et de la vue sans la cohue de South Beach.

Pubbelly

FUSION $$

17 Plan p. 30, A1

Restaurant d'un genre à part, mais délicieux. À la fois asiatique, nord-américain et latino-américain, il mêle le meilleur de toutes ces cuisines. Par exemple : risotto à la truffe noire, raviolis à la poitrine de porc ou appétissant riz frit au kimchi avec fruits de mer. Des cocktails maison accompagnent les plats. (305-532-7555 ; www.pubbellyboys.com/miami/pubbelly ; 1418 20th St ; assiettes partagées 11-24 $, plats 19-30 $; 18h-minuit mar-jeu et dim, jusqu'à 1h ven-sam ;)

Lilikoi

CAFÉ $$

18 Plan p. 30, C8

À l'extrémité sud de South Beach, plus calme, cet établissement décontracté avec ses tables à l'extérieur sert des plats sains, principalement bio et végétariens. Gros bols d'açai et de muesli ou bagels au saumon fumé (et œufs Bénédicte le week-end) le matin ; salade César au chou kale, risotto aux champignons et wraps au falafel le midi. (305-763-8692 ; www.lilikoiorganicliving.com ; 500 S Pointe Dr ; plats 12-20 $; 8h-19h lun-mer, jusqu'à 20h30 jeu-dim ;)

Big Pink

DINER $$

19 Plan p. 30, C7

Le Big Pink sert, à toute heure, une cuisine américaine réconfortante avec bonne humeur et un soupçon de fantaisie : le *pulled pork* (porc effiloché) de Caroline côtoie un bon Reuben (sandwich grillé avec corned-beef ou pastrami, choucroute et fromage). À l'intérieur, mi-salle de danse des années 1950, mi-club de South Beach, vous serez sûrement installé à une longue table commune. (305-532-4700 ; 157 Collins Ave ; plats 13-26 $; 8h-minuit dim-mer, jusqu'à 2h jeu, jusqu'à 5h ven-sam)

Front Porch Cafe

AMÉRICAIN $$

20 Plan p. 30, D3

Perché juste au-dessus de l'agitation de la rue, ce restaurant ouvert d'un côté sert d'excellents sandwichs et salades depuis 1990 (une éternité pour South Beach). Le petit-déjeuner est prisé, à juste titre ; le *challah* façon pain perdu est délicieux, tout comme les omelettes légères, les œufs Bénédicte et le café corsé. (305-531-8300 ; www.frontporchoceandrive.com ; 1458 Ocean Dr ; plats 10-25 $; 7h-23h ;)

Macchialina

ITALIEN $$$

21 Plan p. 30, B5

Cette trattoria animée a tout ce qu'il faut pour une superbe soirée ; excellent service et cuisine joliment présentée, servie dans une chaleureuse salle rustico-chic composée de briques apparentes et de tables en bois massif

AMPARO FONTANET/SHUTTERSTOCK ©

Joe's Stone Crab Restaurant

(tables extérieures à l'avant également). (305-534-2124 ; www.macchialina.com ; 820 Alton Rd ; plats 23-32 $)

Joe's Stone Crab Restaurant

AMÉRICAIN $$$

22 Plan p. 30, C8

L'attente est longue et les prix parfois élevés. Si cela ne vous rebute pas, faites la queue pour mettre un bavoir dans le plus célèbre restaurant (depuis 1913 !) de Miami et savourer des pinces de crabe délicieusement fraîches. (305-673-0365 ; www.joesstonecrab.com ; 11 Washington Ave ; plats midi 14-30 $, soir 19-60 $; 11h30-14h30 mar-sam, 17h-22h tlj)

100% Miami

Cinéma en plein air

D'octobre à mai, le SoundsScape Park (p. 32 ; plan p. 30, C2) organise des séances de cinéma hebdomadaires (mercredi 20h), généralement de films cultes. La projection de 650 m² apparaît sur le New World Center de Frank Gehry. Certains spectacles qui se déroulent à l'intérieur sont également retransmis dehors en simultané. Apportez un pique-nique et profitez du spectacle.

Yuca
LATINO-AMÉRICAIN **$$$**

23 Plan p. 30, C2

L'une des premières adresses de cuisine dite Nuevo Latino à Miami a toujours du succès. Dans une belle salle éclairée à la bougie, on déguste *enchiladas* aux crevettes, tendres *guava ribs* (travers de porc à la pâte de goyave) et salades de thon tataki composées de thon saisi, mangue et sauce piquante aigre-douce. (☎305-532-9822 ; www.yuca.com ; 501 Lincoln Rd ; plats 24-52 $, assiettes partagées 9-24 $; ⏱12h-23h dim-jeu, jusqu'à minuit ven-sam)

Prendre un verre

Sweet Liberty
BAR

24 Plan p. 30, D1

Ce bar local très apprécié près de Collins Park réunit tous les ingrédients pour une bonne soirée : chaleureux et sympathiques barmen préparant d'excellents cocktails (essayez le mint julep), superbe *happy hour* (notamment des huîtres à 75 ¢) et clientèle décontractée, le tout sans prétention. Vaste espace avec bougies, long bar en bois et groupes pour mettre l'ambiance. (www.mysweetliberty.com ; 237 20th St ; ⏱16h-5h lun-sam, à partir de 12h dim)

Bodega
BAR À COCKTAILS

25 Plan p. 30, B3

Telle une classique adresse mexicaine branchée, le Bodega sert de délicieux tacos (3-5 $) à une clientèle de fêtards dans une caravane Airstream. Mais un bar se cache derrière la porte bleue des toilettes mobiles sur la droite. Entrez (ou faites la queue le week-end) pour découvrir l'atmosphère glamour à l'ancienne du vaste bar. (☎305-704-2145 ; www.bodegasouthbeach.com ; 1220 16th St ; ⏱12h-5h)

Mango's Tropical Café
BAR

26 Plan p. 30, D5

Visiteurs venus des quatre coins du monde et habitants amateurs d'ambiance latino se mêlent dans ce célèbre bar d'Ocean Dr. Chaque soir est une fête, dans une ambiance amusante et tapageuse, avec de nombreux divertissements tels que danses en tenue légère sur le bar, imitations de Michael Jackson, déambulation avec coiffes à plumes ou démonstration de salsa. (☎305-673-4422 ; www.mangostropicalcafe.com ; 900 Ocean Dr ; 10 $; ⏱11h45-5h)

Story

CLUB

27 Plan p. 30, C7

L'adresse idéale pour une soirée dans un immense club. D'excellents DJ (surtout dance) internationaux viennent y mixer et les soirées se prolongent jusque tard dans la nuit. La piste de danse, assez spacieuse, est bondée le week-end. Mettez-vous sur votre trente-et-un car il peut être difficile d'y entrer. (305-479-4426 ; www.storymiami.com ; 136 Collins Ave ; 23h-5h jeu-dim)

Bay Club

BAR À COCKTAILS

28 Plan p. 30, A1

À Sunset Harbour, un superbe petit établissement nocturne à l'attrayante ambiance vintage tamisée, avec banquettes rouges, papier peint ancien, lambris et vieux lustres. Idéal pour un rendez-vous, avec ses cocktails maison et parfois de la musique live (guitare jazz et autres rythmes doux). (305-695-4441 ; 1930 Bay Rd ; 17h-2h)

Campton Yard

BEER GARDEN

29 Plan p. 30, D3

Installé sous un grand banian, ce jardin couvert de graviers attire une jeune clientèle venue se détendre gaiement sous les guirlandes lumineuses. Au programme : jeux (Jenga géant, Puissance 4, ping-pong, lancer de sac), bière artisanale, tables de pique-nique et ambiance sans prétention. Entrez par le Hall Hotel et rejoignez le jardin. (1500 Collins Ave, Hall Hotel ; 17h-minuit lun-ven, à partir de 12h sam-dim)

Kill Your Idol

BAR

30 Plan p. 30, D3

L'endroit a tout d'un bar peu recommandable. La contre-culture y est célébrée, le nom annonçant à lui seul la couleur : "Tuez votre idole". Mais il reste plein de charme, avec graffitis et étagères chargées de bric-à-brac rétro, spectacles de drag-queens le lundi et DJ qui mixent du groove à l'ancienne. La clientèle mêle locaux et étrangers à la ville dans une ambiance décontractée. Bar minuscule, préparez-vous à affronter la foule le week-end. (305-672-1852 ; www.killyouridol.com ; 222 Española Way ; 20h-5h)

Bon plan

Fuir la foule

Ocean Dr peut sembler un peu clinquant, avec ses tarifs élevés et une impression d'être observé dans les bars et les restaurants. Pour échapper à la cohue, préférez Sunset Harbour ou SoFi (sud de 5th St), où la population est plus locale, et les bars et restaurants souvent de meilleure qualité.

Rose Bar at the Delano
BAR

31 Plan p. 30, D2

L'ultrachic Rose Bar dans cet élégant hôtel signé Ian Schrager est un lieu pour les riches et célèbres (ou du moins ceux à l'ego démesuré), un privilège qui se paie mais qui est aussi appréciable. (☎305-674-5752 ; www.delano-hotel.com ; 1685 Collins Ave, Delano Hotel ; ⏲12h-2h)

Mynt
CLUB

32 Plan p. 30, D1

Joignez-vous aux stars (Justin Timberlake, Vin Diesel, Britney Spears, Real Housewives, etc.) en commandant une bouteille pour accéder au salon VIP. Ou patientez derrière le cordon rouge jusqu'à pouvoir commander une boisson et essayer de ne pas la renverser, ce qui n'est pas simple entre mannequins, flûtes de champagne et mojitos. (☎305-532-0727 ; www.myntlounge.com ; 1921 Collins Ave ; ⏲23h30-5h ven-sam)

Abbey Brewery
MICROBRASSERIE

33 Plan p. 30, B2

Le plus ancien pub-brasserie de South Beach est situé dans une partie peu touristique (près d'Alton Rd). L'endroit chaleureux est plein de clients qui écoutent des tubes du passé (grunge, new wave des années 1980) en buvant d'excellentes bières maison. Goûtez la Father Theo's stout ou l'Immaculate IPA. (www.abbeybrewinginc.com ; 1115 16th St ; ⏲13h-5h)

Twist
GAY

34 Plan p. 30, D4

Pas de droit d'entrée et toujours une bonne ambiance dans ce club gay sur 2 niveaux. Tout le monde peut y trouver son compte : six bars différents, gogo danseurs, spectacles de travestis, salons et petite piste de danse. (☎305-538-9478 ; www.twistsobe.com ; 1057 Washington Ave ; ⏲13h-5h)

Lost Weekend
BAR

35 Plan p. 30, D3

Le Weekend est un bar crasseux et négligé, avec billards, boissons bon marché et jeux d'arcades. Prisé des serveurs, cuisiniers et barmen du quartier. (☎305-672-1707 ; www.sub-culture.org/lost-weekend-miami ; 218 Española Way ; ⏲12h-5h)

Sortir

New World Symphony
MUSIQUE CLASSIQUE

36 Plan p. 30, C2

Hébergée au New World Center (p. 32) – une belle explosion de lignes cubistes et de courbes géométriques, d'un blanc éclatant sous le ciel bleu de Miami – la New World Symphony se produit d'octobre à mai. Saluée à juste titre, elle sert de programme préparatoire de 3 à 4 ans pour les talents de prestigieuses écoles de musique. (NWS ; ☎305-673-3330 ; www.nws.edu ; 500 17th St)

TRAVELVIEW/SHUTTERSTOCK ©

Colony Theater

Colony Theater

ARTS DU SPECTACLE

37 ☆ Plan p. 30, B2

Véritable bijou Art déco, avec son auvent classique et ses créneaux de style inca, on imagine bien le Colony accueillant des gangsters venus voir *Hamlet*. C'est désormais l'une des principales salles pour les arts du spectacle : humoristes, comédies musicales, pièces, productions off-Broadway et ballets sont programmés ici. Il accueille aussi des projections et de petits festivals de cinéma. (☎305-674-1040, billetterie 800-211-1414 ; www.colonymb.org ; 1040 Lincoln Rd)

Fillmore Miami Beach

ARTS DU SPECTACLE

38 ☆ Plan p. 30, C1

Bâtie en 1951, cette salle de 2 700 places à l'excellente acoustique accueille des spectacles de Broadway, des orchestres et de grandes productions musicales. Dans les années 1960, Jackie Gleason fit du théâtre le cadre de son émission TV. Aujourd'hui, la programmation est éclectique : pop catalane ou rock indépendant un soir, l'humoriste Bill Maher ou un vaudeville le lendemain. (☎305-673-7300 ; www.fillmoremb.com ; 1700 Washington Ave)

Shopping

Books & Books

LIVRES

39 Plan p. 30, B2

Cette fantastique librairie indépendante renferme un excellent choix de romans, beaux livres d'art et de photographie, littérature enfantine primée et bien d'autres encore. L'agencement – une série de salles élégamment meublées – invite à flâner sans fin. Bon restaurant-café devant le magasin. (305-532-3222 ; www.booksandbooks.com ; 927 Lincoln Rd ; 10h-23h dim-jeu, jusqu'à minuit ven-sam)

Havaianas

MODE ET ACCESSOIRES

40 Plan p. 30, C2

La célèbre marque de tongs brésiliennes propose de nombreux modèles aux couleurs et styles différents (nombreux personnages Disney pour les enfants) dans sa boutique de Lincoln Rd. On peut aussi personnaliser ses tongs : petits cœurs, diamants, strass et fleur de lys placés sur la lanière. (https://us.havaianas.com ; 831 Lincoln Rd ; 10h-22h lun-sam, 11h-21h dim)

Nomad Tribe

VÊTEMENTS

41 Plan p. 30, D3

Comme le magasin phare de Wynwood (p. 86), Nomad Tribe propose des produits du commerce équitable et des articles produits de manière éthique. Intrigants bracelets de créateurs indépendants, vêtements voyants et chaussures vegan ne manquent pas de style. (www.nomadtribeshop.com ; 1510 Washington Ave ; 12h-21h)

Base

VÊTEMENTS

42 Plan p. 30, B2

Cette jolie boutique de Lincoln Rd, principalement pour hommes, propose de nombreux vêtements élégants : sacs Herschel, manteaux high-tech Nanamica, beaux jeans Neuw Denim, gros bracelets en cuivre et lunettes de soleil Mykita, entre autres marques. (305-531-4982 ; www.baseworld.com ; 939 Lincoln Rd ; 11h-22h)

U Rock Couture

VÊTEMENTS

43 Plan p. 30, D5

U Rock est la boutique de vêtements de South Beach par excellence. Bruyante, flashy et tape-à-l'œil, elle mêle strass, vêtements moulants, robes sexy, clientèle cosmopolite et bronzée et participants d'émissions de TV réalité. Pourtant, l'endroit est étrangement séduisant, un peu comme certains lieux de South Beach. (877-805-2422 ; www.urockcouture.com ; 928 Ocean Dr ; 10h-1h)

Ricky's NYC

CADEAUX ET SOUVENIRS

44 Plan p. 30, C2

Cette boutique de South Beach vend des centaines de cadeaux kitsch (marionnettes de religieuse-boxeuse), des objets pop art et des articles "pour adultes" (sex-toys, jeux, costumes, etc.). (305-674-8511 ; www.rickysnyc.com ; 536 Lincoln Rd ; 10h-minuit)

Comprendre

Essor d'une ville balnéaire

Le climat de Miami a toujours attiré deux catégories de personnes influentes : les promoteurs et les touristes. Pourtant ce n'est pas le soleil qui poussa les habitants à s'installer ici, mais bien le grand froid qui s'abattit sur la Floride en 1895, anéantissant l'industrie des agrumes. À l'époque, la veuve Julia Tuttle acheta les terres qui deviendraient le Miami moderne, et Henry Flagler construisait son Florida East Coast Railroad (chemin de fer de la côte est de la Floride). Julia Tuttle proposa de partager ses terres avec Henry Flagler s'il acceptait d'étendre le réseau jusqu'à Miami, mais il ne s'y intéressa que lorsque le nord de la Floride gela. Julia Tuttle lui adressa alors un message ironique : une fleur d'oranger cueillie dans son jardin de Miami.

La suite de l'histoire mêle réussite, fiasco, rêveurs et opportunistes. Dans l'ensemble, Miami connaît une croissance importante et rapide au gré des événements mondiaux et des catastrophes naturelles. Les ouragans (notamment le meurtrier Grand Ouragan de Miami en 1926) dévastent la ville, mais elle rebondit et se reconstruit toujours mieux.

Croissance du XXe siècle

Miami Beach prospéra au début du XXe siècle lorsque les investisseurs juifs s'aperçurent du potentiel de la Riviera américaine. Ces hôteliers lancèrent la construction de complexes aux façades Art déco, réalisés par d'audacieux architectes qui rejetaient les codes esthétiques plus sages du Nord-Est. Du fait des guerres mondiales, des soldats stationnaient dans des bases navales non loin, et beaucoup, appréciant le climat, décidèrent de rester. Les révolutions d'Amérique latine et des Caraïbes provoquèrent la venue de migrants, en particulier de Cubains. Ces derniers arrivèrent en deux vagues : les anticastristes des années 1960, et ceux qui recherchaient une vie meilleure dès la fin des années 1970, comme lors de l'exode de Mariel en 1980 durant la crise économique cubaine. Dans les années 1980, le glamour et la surconsommation, tels qu'ils apparaissent dans des films comme *Scarface* ou *Miami Vice*, attirèrent célébrités, mannequins, designers, hôteliers et autres mondains, qui firent de South Beach ce quartier clinquant d'aujourd'hui.

Explorer

Nord de Miami Beach

Le long paysage de North Beach, parsemé d'immeubles, offre un visage différent de l'excessive Miami Beach. Ici, l'Art déco cède la place au style MiMo (pour "Miami Modernist"), de grands immeubles bâtis pendant la croissance post-Seconde Guerre mondiale. Bien qu'il y ait moins de restaurants, bars et boutiques, North Beach ne manque pas d'attraits, à commencer par son magnifique front de mer.

L'essentiel en un jour

Démarrez la journée par une balade sur le verdoyant **Boardwalk** (p. 48), suivie d'un petit tour sur la plage encore peu fréquentée. Allez ensuite admirer les édifices monumentaux du quartier, comme le **Fontainebleau** (photo à gauche ; p. 47) et l'**Eden Roc Renaissance** (p. 47).

Déjeunez de fruits de mer au **Fifi's Place** (p. 50), puis rendez-vous à l'**Oleta River State Park** (p. 48) pour un peu d'aventure en plein air. Louez un kayak pour une paisible virée dans l'estuaire de l'Oleta River et observez la faune sur les sentiers. En fin d'après-midi, offrez-vous un soin au **Carillon Miami Wellness Resort** (p. 47). Ou, pour une expérience beaucoup plus modeste, fouettez-vous avec une branche de bouleau aux **Russian & Turkish Baths** (p. 48).

Le soir, réservez une table au **27 Restaurant** (p. 49) pour une cuisine américaine moderne et créative dans un cadre animé et branché. Place ensuite aux cocktails créatifs dans la cour luxuriante du **Broken Shaker** (p. 50). Si vous êtes encore en forme plus tard, allez au **Liv** (p. 50) pour danser avec du beau monde.

Le meilleur du quartier

Se restaurer

27 Restaurant (p. 49)

Cafe Prima Pasta (p. 49)

Josh's Deli (p. 49)

Prendre un verre et sortir

Broken Shaker (p. 50)

Liv (p. 50)

WunderBar (p. 51)

Comment y aller

Bus Plusieurs bus, notamment les n^{os}119 et 120, parcourent Collins Ave, reliant South Beach à des destinations au nord.

Vélo Nombreuses stations Citi Bike dans cette partie de Miami Beach, même au nord, au niveau de la 103rd St et de Bay Harbor Dr.

Voiture S'il est plus simple de trouver une place de stationnement qu'à South Beach, cela reste parfois compliqué.

A
B
C
D
1
2
3
4
5
77th St
N Shore Dr
NORMANDY SHORES
Normandy Shores Golf Course
71st St Bridge
71st St
S Shore Dr
Normandy Dr
Trouville Esplanade
Harding Ave
Collins Ave
Carillon Miami Wellness Resort
NORTH BEACH
JFK/79th St Cswy
NORTH BAY VILLAGE
W 63rd St
Russian & Turkish Baths
La Gorce Country Club
A1A
La Gorce Dr
Pine Tree Dr
Indian Creek
Biscayne Bay
Alton Rd
Dade Blvd
MID-BEACH
907
Eden Roc Renaissance
Fontainebleau
Julia Tuttle Cswy
41st St/Arthur Godfrey Rd
195
N Chase Ave
Sheridan Ave
Indian Creek Dr
Faena Forum
South Beach
Boardwalk
N Bay Rd
Bayshore Municipal Golf Course
W 28th St
Sunset Islands
BAYSHORE
Collins Ave
Nos adresses
Voir p. 47
Se restaurer p. 49
Prendre un verre p. 50
Sortir p. 51
Shopping p. 51
0 1 km
0 0,5 mile

Voir

Faena Forum CENTRE CULTUREL

1 Plan p. 46, D5

Partie intégrante d'un ambitieux quartier (d'1 milliard de dollars), le Faena District, ce centre culturel attire l'attention depuis son ouverture fin 2016. Les salles du bâtiment circulaire, conçu par Rem Koolhaas, accueillent spectacles, expositions, conférences et autres événements. Consultez la programmation sur le site. (www.faena.com ; Collins Ave et 33rd St)

Carillon Miami Wellness Resort SPA

2 Plan p. 46, D1

Ce spa et centre de bien-être de 6 500 m^2 est un lieu imbattable pour se faire dorloter. Excellent choix de traitements et de cours de fitness (spinning, power yoga, méditation, gainage) avec jolie vue sur les vagues. (☎866-276-2226 ; www.carillonhotel.com ; 6801 Collins Ave, Carillon Hotel ; traitements 165-300 $; ⏲8h-21h)

Fontainebleau BÂTIMENT HISTORIQUE

3 Plan p. 46, D4

En remontant Collins Ave vers le nord, les résidences et les immeubles d'habitation gagnent en majesté et en ornements, jusqu'à ce que l'on entre dans le quartier surnommé Millionaire's Row (rue des millionnaires). Le plus beau joyau de cette brillante couronne est l'**hôtel Fontainebleau** (☎305-535-3283 ; www.fontainebleau.com ; 4441 Collins Ave). Ce dernier (notamment sa piscine, remaniée depuis) apparaît dans *Scarface* de Brian de Palma.

DMODLIN01/SHUTTERSTOCK ©

Oleta River State Park (p. 48)

Eden Roc Renaissance BÂTIMENT HISTORIQUE

4 Plan p. 46, D4

Deuxième complexe révolutionnaire de Morris Lapidus, l'Eden Roc est un bel exemple d'architecture dite MiMo (pour Miami Modern). Dans les années 1960, il servait de QG au Rat Pack – Sammy Davis Jr, Dean Martin, Frank Sinatra et leur bande. Si une importante rénovation a éclipsé une partie du style de Lapidus, l'édifice reste tout de même un élément

Bon plan

La plage à l'aube

Ne manquez pas une balade au lever du soleil sur le joli front de mer. La plage est alors peu fréquentée et vous pourrez profiter seul du paysage doré, parfois teinté de rose. La lumière peut aussi être idéale pour photographier les postes de secours.

emblématique de l'architecture de Miami Beach et un exemple de la beauté insolente de Millionaire's Row. (www.nobuedenroc.com ; 4525 Collins Ave)

Russian & Turkish Baths MASSAGE

5 Plan p. 46, D2

Ce n'est pas parce que vous aimez les massages que vous êtes obligé d'aller dans un spa fastueux où l'on joue de la douce musique en boucle. Pourquoi alors ne pas vous rendre à cette adresse adorée de ceux qui veulent le spa sans les paillettes ? Entrez dans ce petit labyrinthe de *banyas* (bains de vapeur) pour un large choix de soin. (☎305-867-8316 ; www.russianandturkishbaths.com ; 5445 Collins Ave ; traitements à partir de 40 $; ⏲12h-minuit)

Oleta River State Park PARC RÉGIONAL

6 Plan p. 46, D1

Les Tequesta naviguaient déjà dans l'estuaire de l'Oleta River en 500 av. J.-C., vous ne ferez donc que perpétuer une longue tradition en y faisant du canoë ou du kayak. Avec près de 405 ha, c'est le plus grand parc urbain de l'État et l'un des meilleurs endroits de Miami pour fuir la foule. Ramez jusqu'à l'île couverte de mangrove, observez les aigles ou détendez-vous sur la petite plage. (☎305-919-1844 ; www.floridastateparks.org/oletariver ; 3400 NE 163rd St ; véhicule/piéton et vélo 6/2 $; ⏲8h-coucher du soleil ; P 👪)

Boardwalk PLAGE

7 Plan p. 46, D5

Il y a plein de jolies filles légèrement vêtues sur la promenade de Mid-Beach, mais aussi des Juifs orthodoxes vaquant à leurs occupations au milieu des joggeurs, des touristes en balade et des adeptes du bronzage. Les nombreux immeubles résidentiels alentour sont habités par des Latinos et des Juifs de la classe moyenne qui viennent ici promener leur chien et jouer avec leurs enfants, créant ainsi une atmosphère authentique et détendue, en contraste avec le glamour permanent de South Beach. (www.miamibeachboardwalk.com ; 21st St-46th St)

Haulover Beach Park PARC

8 Plan p. 46, C1

Ce parc de 16 ha abrite une plage naturiste, isolée des immeubles, des axes routiers et des regards indiscrets par la végétation. Mais il a bien d'autres attraits ; en effet, une grande partie de la plage est “classique” (il y a même un parc à chiens) et c'est l'une des plus agréables des environs.

Le parc est situé dans Collins Ave, environ 7 km au nord de 71st St. (☎305-947-3525 ; www.miamidade.gov/parks/haulover.asp ; 10800 Collins Ave ; par véhicule lun-ven 5 $, sam-dim 7 $; ⏲lever-coucher du soleil ; P)

Se restaurer

Josh's Deli

TRAITEUR $

9 Plan p. 46, D1

Josh est la simplicité même. Au cœur du Miami juif, on peut manger un épais sandwich au pastrami fumé maison et une soupe de boulettes matza au déjeuner ou un *challah* façon pain perdu, des œufs et du saumon fumé maison au petit-déjeuner. Un délicieux coin authentique de Mid-Beach. (☎305-397-8494 ; www.joshsdeli.com ; 9517 Harding Ave ; sandwichs 14-16 $; ⏲8h30-15h30)

Roasters 'n Toasters

TRAITEUR $

10 Plan p. 46, C4

Au vu de la foule de clients souriants, l'endroit semble satisfaire les exigences de l'importante communauté juive de Miami Beach : viande juteuse, pain frais, bagels croustillants et *latkes* (galettes de pommes de terre) chauds. Des minisandwichs sont servis dans du pain *challah*, une innovation aussi séduisante que savoureuse. (☎305-531-7691 ; www.roastersntoasters.com ; 525 Arthur Godfrey Rd ; plats 10-18 $; ⏲6h30-15h30)

27 Restaurant

FUSION $$

11 Plan p. 46, C5

Nouvel établissement à la même adresse que le très populaire Broken Shaker (p. 50), l'un des bars à cocktails favoris de Miami Beach. Comme dans le bar, le cadre est superbe – semblable à un vieux cottage tropical, avec parquet usé, tables éclairées à la bougie, et plusieurs salles ornées d'œuvres d'art et de curieux bibelots, ainsi qu'une jolie terrasse. La cuisine, exceptionnelle, intègre des saveurs internationales. (☎786-476-7020 ; www.freehandhotels.com/miami/27-restaurant ; 2727 Indian Creek Dr ; plats 17-28 $; ⏲18h30-2h lun-sam, 11h-16h et 18h30-2h dim ; 🍸)

Cafe Prima Pasta

ITALIEN $$

12 Plan p. 46, D1

Nous ne savons pas ce que nous préférons dans ce restaurant italo-argentin : les pâtes, très réputées, qui méritent chacune des louanges, ou l'atmosphère, qui traduit la sensualité chic de Buenos Aires. Impossible de se tromper avec le petit menu soigné, composé de spécialités telles que *gnocchi formaggi*, bar rôti, et *linguine* à l'encre de seiche avec fruits de mer et sauce au homard. (☎305-867-0106 ; www.cafeprimapasta.com ; 414 71st St ; plats 17-26 $; ⏲17h-23h30 lun-sam, 16h-23h dim)

Indomania
INDONÉSIEN $$

13 Plan p. 46, C5

Les restaurants asiatiques édulcorés ne manquent pas à Miami ; Indomania s'oppose à cette tendance avec des plats indonésiens authentiques. Allant du bœuf braisé à la sauce coco épicée à l'impressionnant *rijsttafel,* sorte de buffet de petites portions de style tapas, la cuisine reflète la diversité du pays et le caractère culinaire des différentes régions. (305-535-6332 ; www.indomaniarestaurant.com ; 131 26th St ; plats 18-32 $; 17h30-22h30 lun-dim, plus 12h-16h sam-dim)

Fifi's Place
POISSON ET FRUITS DE MER $$

14 Plan p. 46, D1

Le Fifi's sert des fruits de mer façon latino : une délicieuse *paella* et une tout aussi bonne *parrillada* dans laquelle les mêmes ingrédients sont grillés avec du beurre à l'ail. Un régal. (305-865-5665 ; www.fifisseafood.com ; 6934 Collins Ave ; plats 16-32 $; 12h-23h)

Shuckers
AMÉRICAIN $$

15 Plan p. 46, B2

Jouissant d'une belle vue sur l'océan depuis 79th St Causeway, le Shuckers est l'un des restaurants les mieux placés du quartier. Il sert une cuisine de pub : burgers, poisson frit, etc. Ses ailes de poulet sont réputées : arrosées de diverses sauces appétissantes, elles sont frites puis grillées. (305-866-1570 ; www.shuckersbarandgrill.com ; 1819 79th St Causeway ; plats 12-27 $; 11h-1h ;)

Prendre un verre

Broken Shaker
BAR

Les cocktails artisanaux sont en vogue à Miami et le Broken Shaker (voir 11 Plan p. 46, C5) est l'un des lieux phares du moment. Situé au fond de l'hôtel **Freehand Miami** (www.thefreehand.com), l'endroit tenu par des barmen experts se compose d'une minuscule salle et d'une vaste cour ornée de plantes où de bien belles personnes boivent d'excellentes boissons. (305-531-2727 ; www.freehandhotels.com/miami/broken-shaker ; 2727 Indian Creek Dr, Freehand Miami Hotel ; 18h-3h lun-ven, 14h-3h sam-dim)

Lou's Beer Garden
PUB

16 Plan p. 46, D1

Autour des longues tables sous les arbres tropicaux, dégustez une assiette de fromage ou un hamburger au bœuf de Kobe, et faites descendre le tout avec une pinte de bière belge artisanale. (305-704-7879 ; 7337 Harding Ave ; 17h-2h lun-ven, 12h-2h sam et dim)

Liv
CLUB

L'adresse nocturne des célébrités à Miami Beach est une somptueuse salle de près de 1 700 m² installée dans le Fontainebleau Hotel (voir 3 Plan p. 46, D4), qui lui-même attire les people. Cependant, y entrer est un cauchemar si vous n'êtes pas riche (pour les hommes) ou très belle (pour les femmes). Allez-y si vous connaissez quelqu'un, autrement, cela n'en vaut pas la peine. (305-674-4680 ; www.livnightclub.com ; 4441 Collins Ave, Fontainebleau Hotel)

WunderBar

BAR LOUNGE

17 Plan p. 46, D5

Niché au fond du hall du **Circa 39's** (☎305-538-4900), ce bar design possède une atmosphère accueillante et chaleureuse. Entrez prendre un verre si vous passez par ici, avant de traverser la rue pour aller admirer les vagues sur la plage. (☎305-503-1120 ; www.circa39.com/wunderbar ; 3900 Collins Ave, Circa39 ; ⏰11h-23h dim-jeu, jusqu'à minuit ven-sam)

Sortir

North Beach Bandshell

MUSIQUE LIVE

18 Plan p. 46, D1

Cet espace en plein air, géré par la Rhythm Foundation (à but non lucratif), propose une excellente programmation de concerts, danse, théâtre, opéra et slam toute l'année. Certains événements sont gratuits et le large répertoire comprend des sons du monde entier et de nombreux événements familiaux. Consultez la programmation sur le site. (www.northbeachbandshell.com ; 7275 Collins Ave)

Chopin Foundation of the United States

MUSIQUE CLASSIQUE

19 Plan p. 46, A2

Cette organisation nationale de choix pour les amateurs de Chopin accueille le Chopin Festival, une série de concerts mensuels gratuits, et la National Chopin Piano Competition, un concours international, organisé à Miami tous les 5 ans. (☎305-868-0624 ; www.chopin.org ; 1440 JFK/79th St Causeway)

100% Miami

Miami Beach casher

Arthur Godfrey Rd (41st St) et Harding Ave, entre la 91st St et la 96th St à Surfside, sont des artères prisées de la population juive de Miami Beach. Si les Juifs ont façonné Miami Beach, la plage aussi façonne sa communauté juive : on mange du *lox y arroz con moros* (saumon avec riz et haricots), les hommes orthodoxes portent la kippa et les femmes le foulard, mais beaucoup soignent leur bronzage et conduisent des voitures clinquantes.

Shopping

Bal Harbour Shops

CENTRE COMMERCIAL

20 Plan p. 46, D1

Cadre de luxe pour les boutiques Prada, Gucci, Chanel et Saks Fifth Avenue, Bal Harbour se trouve 5 km environ au nord de North Miami Beach. (www.balharbourshops.com ; 9700 Collins Ave ; ⏰10h-21h lun-sam, 12h-18h dim)

Downtown Miami

Downtown Miami, centre bancaire et financier international de la ville, comprend des centres commerciaux défraîchis et, dans le secteur appelé Brickell, de nouvelles résidences et des hôtels de luxe. La paresseuse Miami River divise le centre-ville en une partie nord et une partie sud. À Miami, la croissance est frénétique et les constructions permanentes, avec de nouvelles tours luxueuses érigées chaque mois.

L'essentiel en un jour

Commencez par un délicieux petit-déjeuner et un superbe café à l'**All Day** (p. 66). Dirigez-vous ensuite vers le **Pérez Art Museum Miami** (p. 54) pour profiter de superbes expositions d'art. Pensez à admirer la vue et les sculptures à l'extérieur.

Au déjeuner, réservez au **Casablanca** (p. 66), un grand restaurant de fruits de mer aux tables installées le long de la Miami River. Plongez ensuite dans le passé de Miami au **HistoryMiami** (p. 64), qui donne un fascinant aperçu du mélange de cultures et des événements qui ont permis de façonner la ville actuelle. Puis faites une pause au bord de l'eau au **Bayfront Park** (p. 58), l'espace vert favori à Downtown Miami.

Le soir, allez tôt savourer la délicieuse cuisine péruvienne du **CVI.CHE 105** (p. 68). Assistez à un spectacle à l'éblouissant **Adrienne Arsht Center for the Performing Arts** (p. 56). Terminez la soirée en prenant un verre dans l'un des bars sur les toits. Le **Sugar** (p. 61) offre un magnifique panorama sur la ville depuis le 39e étage.

Pour une journée 100% Miami à Downtown, rendez-vous p. 60.

Les incontournables

100% Miami

Le meilleur du quartier

Se restaurer

Prendre un verre et faire la fête

Shopping

Comment y aller

Metromover Monorail pratique et gratuit au centre-ville.

Bus Le trolley gratuit de Biscayne emprunte Biscayne Blvd vers le nord jusqu'aux abords de Wynwood, au niveau de 29th St, et au Design District, à 39th St.

Bateau Water Taxi Miami gère un ferry entre South Beach et la Bayside Marketplace à Downtown Miami.

Les incontournables
Pérez Art Museum Miami

Miami ne manque pas d'excellentes galeries ni de fascinants musées mais le Pérez (ou PAMM) occupe une catégorie à part. Ce superbe édifice, conçu par un cabinet d'architectes renommé vainqueur du prix Pritzker, renferme une collection d'art contemporain très intéressante – et qui se révèle encore plus impressionnante dans les galeries lumineuses au bord de Biscayne Bay.

Plan p. 62, E1

www.pamm.org

1103 Biscayne Blvd

tarif plein/senior et étudiant 16/12 $, 1er jeu et 2e sam du mois gratuits

10h-18h ven-mar, jusqu'à 21h jeu, fermé mer

L'architecture

Les architectes suisses Herzog & de Meuron ont conçu cet espace de 18 600 m^2, inauguré en fanfare en 2013. Le bâtiment de trois niveaux repose sur une plateforme élevée qui offre une belle vue sur l'eau et le parc adjacent.

Les jardins suspendus, longs tubes semblables à des colonnes accrochées au plafond et débordant de plantes, sont l'un des éléments les plus frappants de l'édifice. Plus de 77 espèces végétales – toutes natives de la région – sont arrosées à l'eau de pluie distribuée par des systèmes d'irrigation astucieusement dissimulés dans les colonnes.

L'art

Le PAMM accueille d'intéressantes expositions contemporaines. La collection permanente est présentée sous forme de rotation de pièces uniques tous les 2 ou 3 mois (même en cas de nouvelles acquisitions au cours de l'année). Ces dernières, généralement situées au rez-de-chaussée, portent sur divers thèmes : rôle de la géographie dans la formation de la perception, idéologie et lien entre publicité, commerce et politique. Sont ainsi présentées des œuvres des 80 dernières années dans des expositions percutantes qui incitent à la réflexion.

Des espaces pour tous

Les créateurs du musée ont voulu créer un lieu accessible à tous les habitants de Miami. Et ils ont très bien réussi. On peut profiter de la pelouse du parc, s'asseoir sur les marches ou dans les transats pour admirer la vue sur l'océan. Enfin, le restaurant n'est pas une banale cafétéria de musée, il s'agit plutôt d'un café ouvert sur l'extérieur... et sur une superbe collection d'art.

À savoir

- Profitez des journées gratuites. Le PAMM est gratuit le premier jeudi et le deuxième samedi du mois.
- D'excellentes visites guidées gratuites de 45 minutes ont lieu tous les jours (sauf mercredi) à 11h, 12h et 14h30, et à 18h30 le jeudi.
- Le calendrier en ligne liste les projections, conférences et ateliers artistiques à venir.

Une petite faim ?

Passez au Verde (p. 67) pour des salades, sandwichs, boissons et une belle vue. En dehors du musée, Books & Books (p. 71) possède un charmant café avec des tables à l'extérieur.

Les incontournables
Adrienne Arsht Center for the Performing Arts

New York a le Lincoln Center, Sydney l'Opera House, et Miami possède l'Adrienne Arsht Center, un centre d'arts du spectacle très apprécié, qui accueille d'excellents ballets, solos musicaux et pièces de théâtre.

Plan p. 62, D1

305-949-6722

www.arshtcenter.org

1300 Biscayne Blvd

billetterie 10h-18h lun-ven, et 2 heures avant les spectacles

Trois en un

L'Arsht Center est composé de trois espaces distincts. La plus grande salle (2 400 places) occupe la Ziff Ballet Opera House et accueille ballets, comédies musicales et, bien sûr, opéras.

De l'autre côté de Biscayne Blvd – accessible par une passerelle piétonne – le Knight Concert Hall (2 200 places) est une salle de concerts sur trois niveaux dotée de l'une des meilleures acoustiques au monde.

La plus petite salle (300 places), le Carnival Studio Theater, est un espace expérimental flexible situé dans la Ziff Ballet Opera House.

Le design

L'Arsht Center est l'œuvre de l'agence de César Pelli et les salles de concerts présentent de superbes éléments.

Des touches artistiques y sont disséminées. José Bedia a conçu les rampes en verre gravé visibles dans la partie supérieure des deux salles de concerts. D'un trait continu, il a dessiné instruments de musique, poissons, oiseaux, palmiers et même navires de croisière – des symboles associant l'art au paysage de Miami.

Le lieu

Aux 1er et 2e étages de la Ziff Ballet Opera House, les baies vitrées du sol au plafond donnent sur Downtown Miami. Ce point de vue remarquable est d'autant plus saisissant que nombre des gratte-ciel visibles n'étaient pas là il y a encore une dizaine d'années.

Sur scène

Chaque année, le centre accueille un nombre important de spectacles – environ 300. Ils sont répartis en diverses séries, telles que Masterworks Season, Broadway in Miami, Jazz Roots et le Miami Made Festival, entre autres.

☑ À savoir

- Des visites guidées gratuites sont organisées à 12h les lundis et samedis. Appelez avant pour vous assurer qu'elles ont lieu.
- Achetez vos billets en ligne ou à la billetterie (10h-18h lun-ven, et 12h-lever de rideau sam-dim en cas de spectacle).

Une petite faim ?

Réservez pour manger avant le spectacle au **Brava by Brad Kilgore** (www.bravabybradkilgore.com ; plats 24-44 $; 17h30-21h les soirs de spectacle), réputé pour sa gastronomie française créative. Les jours de spectacle, le café de Books & Books (p. 71) sert un menu à prix fixe composé d'ingrédients locaux et durables. Réservez.

Les incontournables
Bayfront Park

Promeneurs en tout genre affluent dans cette oasis verdoyante de Downtown. Avec une magnifique vue sur l'océan, l'endroit est idéal pour une balade, un pique-nique dans l'herbe, un concert en plein air, une séance de yoga gratuite et même des cours de trapèze volant.

Plan p. 62, E5

305-358-7550

www.bayfrontparkmiami.com

301 N Biscayne Blvd

Concerts et grands événements

Toute l'année, Bayfront Park accueille divers événements, dont l'**Ultra Music Festival** (www.ultramusicfestival.com) qui investit le parc entier durant trois jours fin mars. Le 4 juillet, le feu d'artifice de l'Independence Day, l'un des plus beaux du sud de la Floride, illumine le ciel nocturne.

Sculptures de Noguchi

L'artiste et paysagiste réputé Isamu Noguchi a redessiné une bonne partie des près de 13 ha de Bayfront Park dans les années 1980, et participé ainsi à la redynamisation du centre-ville.

Noguchi a également disposé sur place trois de ses sculptures. La Light Tower, haute de 12 m, est une allusion abstraite aux lanternes japonaises et au clair de lune au-dessus de Miami.

Dans l'angle sud-ouest, le Challenger Memorial est un monument dédié aux astronautes tués dans l'explosion de la navette spatiale en 1986.

Particulièrement appréciée des enfants, la Slide Mantra est une spirale de marbre de Carrare qui sert de structure de jeu.

Yoga dans le parc

Le Tina Hills Pavilion (entrée libre), à l'extrémité sud du parc, sert de cadre aux cours gratuits de yoga en plein air. Ces derniers ont lieu trois fois par semaine (lun et mer à 18h, et sam à 9h) et conviennent à tous les niveaux.

Lee & Tina Hills Playground

Ce terrain de jeux arbore un sol souple en caoutchouc et des éléments à escalader, des toboggans et une structure semblable à un bateau de pirates (le méchant préféré des enfants). L'étrange sculpture représente une vague avec 3 animaux du sud de la Floride : une tortue, un lamantin et un dauphin.

À savoir

- Allez dans le parc en fin d'après-midi pour observer les gratte-ciel de Downtown s'illuminer au coucher du soleil.
- Faites une balade le long de la Miami Riverwalk voisine, qui offre une belle vue sur l'eau.
- Faites coïncider votre visite avec un concert en plein air ou un cours de yoga gratuit.

Une petite faim ?

Quelques rues à l'ouest, le CVI.CHE 105 (p. 68) sert une excellente cuisine péruvienne. Non loin, le Manna Life Food (p. 60) est un snack-bar sain et écolo.

100% Miami
Downtown et Brickell

Le centre-ville de Miami est en plein essor et les gratte-ciel poussent comme des champignons le long de la Miami River. Restaurants, boutiques de mode et bars ont investi les lieux et d'audacieux projets de construction sont à l'étude. Ce quartier en vogue est à découvrir pour un aperçu des tendances – des cafés végétaliens aux bars sur les toits d'inspiration balinaise.

❶ Manna Life Food

Ce vaste et élégant **restaurant** (☎786-717-5060 ; www.mannalifefood.com ; 80 NE 2nd Ave ; plats 8-12 $; ⏰10h-19h lun-ven, 11h-16h sam) éblouit ses clients avec une carte à base de plantes et de superbes produits. Copieux "bols", *arepas* et *noritos* (sorte de burritos où l'algue remplace la tortilla) sont pleins d'ingrédients savoureux tels que quinoa rouge, tofu rôti,

légumes au four, riz brun à la noix de coco et falafels crus. Une bonne adresse pour les jus frais, cafés et cappuccinos au thé matcha.

2 Supply & Advise

Dans un bâtiment des années 1920, **Supply & Advise** (www.supplyandadvise.com ; 223 SE 1st St ; 11h-19h lun-sam) apporte une bonne dose de style masculin dans le centre de Miami, avec des vêtements robustes et bien coupés, des chaussures et des accessoires. La plupart des articles sont fabriqués aux États-Unis. On y trouve aussi un coiffeur pour hommes, avec sièges rétro et ambiance d'antan.

3 Bayfront Park

Peu de parcs américains sont bordés par une si belle eau turquoise (Biscayne Bay). Ce charmant endroit (p. 58) adossé à Downtown est idéal pour une balade au bord de l'eau, un pique-nique et un concert en plein air (parfois organisé dans l'amphithéâtre).

4 Miami Riverwalk

Cette promenade piétonne longe la rive nord de la rivière qui partage Downtown en deux et elle offre des points de vue privilégiés sur les ponts et les gratte-ciel qui parsèment le paysage urbain. La balade commence à l'extrémité sud de Bayfront Park, se poursuit sous les ponts et au bord de l'eau, et s'achève juste à l'ouest du pont de SW 2nd Ave.

5 Brickell Avenue Bridge

Agrandi et surélevé il y a quelques années, le joli pont de Brickell Avenue traverse la Miami River entre SE 4th St et SE 5th St. Il offre ainsi une meilleure vue sur la ligne des toits de Downtown. Haute de 5 m, la statue en bronze du sculpteur cubain Manuel Carbonell représente un guerrier tequesta et sa famille, assis sur le Pillar of History.

6 Brickell City Centre

L'une des toutes dernières constructions tendance de Miami a enfin ouvert ses portes fin 2016, après quatre longues années de construction. Le **centre** (www.brickellcitycentre.com ; 701 S Miami Ave ; 10h-21h30 lun-sam, 12h-19h dim) attire habitants comme visiteurs avec ses restaurants, ses bars, son cinéma et de nombreuses enseignes haut de gamme (Ted Baker, All Saints, Kendra Scott). Les boutiques, notamment un grand Saks Fifth Ave, sont disséminées de part et d'autre de S Miami Ave, entre 7th St et 8th St.

7 Sugar

L'un des **bars** (788 Brickell Plaza, EAST, Miami Hotel, 39e ét. ; 16h-1h lun-jeu, jusqu'à 3h ven-sam, jusqu'à minuit dim) tendance du moment occupe le 39e étage de l'hôtel EAST, Miami. Loin d'être un simple bar sur un toit, c'est une verdoyante oasis, dotée d'une vaste terrasse en bois garnie de plantes et d'arbres – avec vue imprenable sur la ville et Key Biscayne (p. 90).

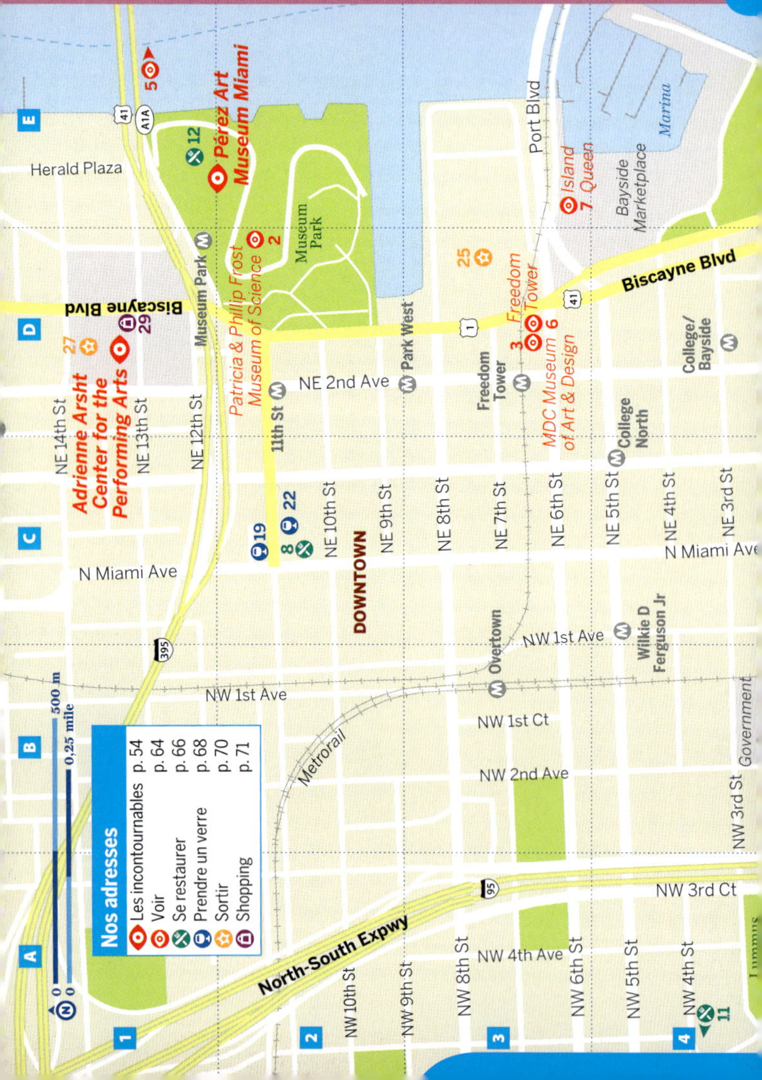
Nos adresses
Les incontournables p. 54
Voir p. 64
Se restaurer p. 66
Prendre un verre p. 68
Sortir p. 70
Shopping p. 71
500 m
0,25 mile
A
B
C
D
E
1
2
3
4
Herald Plaza
Adrienne Arsht Center for the Performing Arts
Pérez Art Museum Miami
Patricia & Phillip Frost Museum of Science
Museum Park
Freedom Tower
MDC Museum of Art & Design
Island Queen
Bayside Marketplace
Marina
Port Blvd
Biscayne Blvd
NE 14th St
NE 13th St
NE 12th St
11th St
NE 10th St
NE 9th St
NE 8th St
NE 7th St
NE 6th St
NE 5th St
NE 4th St
NE 3rd St
NE 2nd Ave
N Miami Ave
NW 1st Ave
NW 1st Ct
NW 2nd Ave
NW 4th Ave
NW 3rd Ct
NW 3rd St
NW 10th St
NW 9th St
NW 8th St
NW 6th St
NW 5th St
NW 4th St
DOWNTOWN
Metrorail
North-South Expwy
Museum Park
Park West
Freedom Tower
Overtown
College North
College/Bayside
Wilkie D Ferguson Jr
Government
Lummus
395
95
41
A1A
1
2
3
5
6
7
8
11
12
19
22
25
27
29

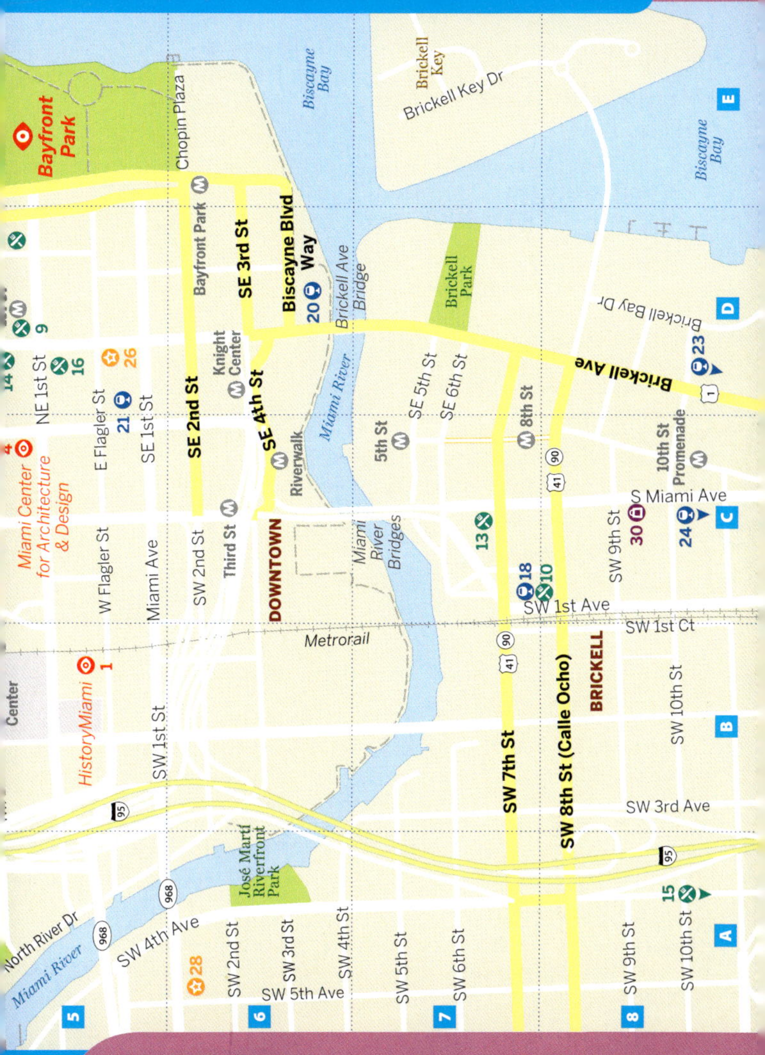

Bayfront Park
Chopin Plaza
Biscayne Bay
Brickell Key
Brickell Key Dr
Bayfront Park
SE 3rd St
Biscayne Blvd Way
20
Brickell Ave Bridge
Brickell Park
Brickell Bay Dr
9
14
16
26
NE 1st St
Knight Center
SE 2nd St
SE 4th St
Miami River
SE 5th St
SE 6th St
8th St
Brickell Ave
23
4
Miami Center for Architecture & Design
E Flagler St
21
SE 1st St
Riverwalk
5th St
10th St Promenade
S Miami Ave
W Flagler St
Miami Ave
SW 2nd St
Third St
DOWNTOWN
Miami River Bridges
13
18
10
SW 9th St
30
24
SW 1st Ave
SW 1st Ct
Metrorail
HistoryMiami
1
Center
SW 1st St
SW 7th St
SW 8th St (Calle Ocho)
BRICKELL
SW 10th St
SW 3rd Ave
José Martí Riverfront Park
North River Dr
Miami River
SW 4th Ave
28
SW 2nd St
SW 3rd St
SW 5th Ave
SW 4th St
SW 5th St
SW 6th St
SW 9th St
SW 10th St
15
A
B
C
D
E
5
6
7
8

Voir

HistoryMiami

MUSÉE

1 Plan p. 62, B5

Terre d'esclaves en fuite, de guérilleros amérindiens, de gangsters, de colons, de pirates, de touristes, de trafiquants de drogue et d'alligators, la Floride du Sud a une histoire particulière, et il fallait un musée particulier pour la raconter. Installé dans le **Miami-Dade Cultural Center**, cet endroit, vivement conseillé, réussit à lier les histoires des vagues successives de populations, des Amérindiens aux Nicaraguayens. (305-375-1492 ; www.historymiami.org ; 101 W Flagler St ; adulte/enfant 10/5 $; 10h-17h lun-sam, à partir de 12h dim ;)

Patricia & Phillip Frost Museum of Science

MUSÉE

2 Plan p. 62, D2

Vaste nouveau musée (plus de 23 000 m^2) avec aquarium sur 3 niveaux, planétarium dernier cri de 250 places et 2 ailes distinctes consacrées aux merveilles des sciences et de la nature. Les expositions portent aussi bien sur les phénomènes climatiques que sur d'effrayantes créatures, dinosaures à plumes et microbes mortels, tandis que les fascinants Everglades et les récifs coralliens à la biologie si riche sont à l'honneur. (305-434-9600 ; www.frostscience.org ; 1101 Biscayne Blvd ; adulte/enfant 28/20 $; 9h-18h ; P)

MDC Museum of Art & Design

MUSÉE

3 Plan p. 62, D3

Le Miami-Dade College a un petit musée d'art bien tenu en centre-ville. La collection permanente compte des œuvres de Matisse, Picasso et Chagall et porte sur le minimalisme, le pop art et l'art contemporain d'Amérique latine. Le musée occupe une tour haute de 78 m érigée en 1925, la Freedom Tower, elle-même chef-d'œuvre du style Mediterranean Revival. (Freedom Tower ; 305-237-7700 ; www.mdcmoad.org ; 600 Biscayne Blvd)

Miami Center for Architecture & Design

MUSÉE

4 Plan p. 62, C5

La succursale de l'American Institute of Architects a choisi, en toute logique, cet ancien bureau de poste pour le siège de son Centre pour l'architecture et le design. Construit en 1912, l'édifice fut le premier bâtiment fédéral à Miami. Il comporte un toit à faible pente, des portes ouvragées et des entrées sculptées, et fut acheté en 1937 pour devenir la première société de crédit immobilier du pays.

Aujourd'hui, il accueille des conférences et des événements liés à l'architecture, au design et à l'urbanisme, et abrite une exposition, petite mais intéressante, consacrée à ces thèmes. Un samedi

GALINA SAVINA/SHUTTERSTOCK ©

Freedom Tower

sur deux, une visite pédestre de 2 heures part d'ici (10h) et porte sur quelques bâtiments historiques de Downtown. Horaires et réservation sur le site. (Old US Post Office ; ☎305-448-7488 ; www.miamicad.org ; 100 NE 1st Ave ; entrée libre ; ⌚10h-17h lun-ven)

Miami Children's Museum MUSÉE

5 Plan p. 62, E1

Ce lieu dédié aux enfants, entre South Beach et Downtown Miami, n'est pas vraiment un musée. Il s'apparente plutôt à une fantastique aire de jeux, avec différents espaces pour faire comme les grands, avec banque, épicerie, animalerie, centre de secours. (☎305-373-5437 ; www.miamichildrensmuseum.org ; 980 MacArthur Causeway ; 20 $; ⌚10h-18h ; 👪)

Freedom Tower BÂTIMENT HISTORIQUE

6 Plan p. 62, D3

Élément emblématique du vieux Miami, la Freedom Tower, richement décorée, est l'une des deux tours érigées d'après la Giralda, le clocher de la cathédrale de Séville. Telle une "Ellis Island du Sud", elle a servi de centre d'immigration à près d'un demi-million de réfugiés cubains dans les années 1960. Classée au Registre américain des sites historiques en 1979, elle a aussi accueilli le *Miami Daily News* pendant 32 ans.

Dans le hall joliment restauré, des reliefs entre les ascenseurs et le plafond à caissons représentent des hommes travaillant sur les presses d'imprimerie. La tour héberge aussi le MDC Museum of Art & Design (p. 64). (600 Biscayne Blvd ; 10h-17h)

Island Queen BATEAU

7 Plan p. 62, E3

Circuits de 1 heure 30 en bateau comprenant le Millionaire's Row, la Miami River et Fisher Island. Départs quotidiens fréquents (toutes les heures de 11h à 18h). (305-379-5119 ; www.islandqueencruises.com ; 401 Biscayne Blvd ; adulte/enfant à partir de 28/20 $)

Se restaurer

All Day CAFÉ $

8 Plan p. 62, C2

L'un des meilleurs endroits de Downtown pour s'attarder devant un café ou un petit-déjeuner à toute heure. Chaises scandinaves, tables en bois et marbre, et Françoise Hardy en fond sonore confèrent au lieu une atmosphère décontractée. (www.alldaymia.com ; 1035 N Miami Ave ; café 3,50 $, petit-déj 10-14 $; 7h-19h lun-ven, à partir de 9h sam-dim ;)

Bali Cafe INDONÉSIEN $

9 Plan p. 62, D5

On imagine peu les saveurs des sushis et la richesse de la cuisine indonésienne se mélanger harmonieusement, mais c'est bien le cas dans ce minuscule restaurant tropical. Prenez des sushis au thon épicé en entrée, puis un *soto betawi* – soupe de bœuf au lait de coco, gingembre et échalotes. (305-358-5751 ; 109 NE 2nd Ave ; plats 10-16 $; 11h-16h tlj, 18h-22h lun-ven ;)

La Moon COLOMBIEN $

10 Plan p. 62, C8

Rien de tel après une longue soirée qu'un hot-dog colombien surmonté d'œufs et de frites. Ou une *arepa* (galette de maïs) garnie de steak et de fromage. Ces spécialités de rue sont proposées jusqu'au petit matin le week-end, et La Moon est idéalement situé, à quelques pas de bars comme le Blackbird Ordinary (p. 68).

Accompagnez le plat d'un *refajo* : bière colombienne (Aguila) avec soda colombien (le rouge de préférence). (305-860-6209 ; www.lamoonrestaurant.com ; 97 SW 8th St ; plats 7-17 $; 10h-minuit dim et mar-jeu, jusqu'à 6h ven-sam)

Casablanca POISSON ET FRUITS DE MER $$

11 Plan p. 62, A4

Le Casablanca sert d'excellents produits de la mer. Le cadre est une réussite – avec ses tables installées sur une longue terrasse en bois surplombant la Miami River, et quelques mouettes de temps en temps. Mais ici, la vraie star est le poisson frais. (www.casablancaseafood.com ; 400 N River Dr ; plats 15-34 $; 11h-22h dim-jeu, jusqu'à 23h ven-sam)

Verde

AMÉRICAIN $$

12 Plan p. 62, E1

Dans le Pérez Art Museum Miami (p. 54), l'adresse est appréciée des locaux pour ses savoureux ingrédients frais du marché et son superbe cadre, avec tables en terrasse donnant sur la baie. Croustillants tacos de dorade coryphène, pizza aux fleurs de courgette et au chèvre, et salade d'endives grillées comptent parmi les tentations. (786-345-5697 ; www.pamm.org/dining ; 1103 Biscayne Blvd, Pérez Art Museum Miami ; plats 13-19 $; ven-mar 11h-17h, jusqu'à 21h jeu, fermé mer ;)

River Oyster Bar

PRODUITS DE LA MER $$

13 Plan p. 62, C7

À quelques pas de la Miami River, ce petit établissement animé à l'ambiance chic sert d'excellents plateaux de fruits de mer. Commencez par les huîtres fraîches et le ceviche avant de passer au vivaneau rouge ou au thon albacore grillé. Un grand plateau de fruits de mer (125 $), rempli des trésors culinaires de la mer, fera un copieux repas. (305-530-1915 ; www.therivermiami.com ; 650 S Miami Ave ; plats 16-32 $; 12h-22h30 lun-jeu, jusqu'à minuit ven, 16h30-minuit sam, jusqu'à 21h30 dim)

NIU Kitchen

ESPAGNOL $$

14 Plan p. 62, D5

Ce petit restaurant raffiné sert une délicieuse cuisine contemporaine espagnole. C'est un spectacle culinaire, avec de complexes assiettes à partager aux noms catalans comme l'Ous (œufs pochés, mousse de pommes de terre aux truffes, *jamon iberico* et truffe noire) ou le Toninya (thon fumé, piments verts guindillas et pignons de pin). À arroser de bon vin. (786-542-5070 ; www.niukitchen.com ; 134 NE 2nd Ave ; assiettes partagées 14-25 $; 12h-15h30 et 18h-22h lun-ven, 13h-16h et 18h-23h sam, 18h-22h dim ;)

Choices

VÉGÉTALIEN $$

15 Plan p. 62, A8

Avec des combinaisons intéressantes comme la "viande" de noix et le "fromage" Daiya, ce restaurant

100% Miami

Un dîner de produits frais et locaux

Le lundi soir, vous pouvez vous joindre aux habitants pour un délicieux repas végétarien de 5 plats, servi à une table commune extérieure devant l'Arsht Center. Créatif et inspiré par le marché fermier organisé le même jour, le **Chef Allen's Farm-to-Table Dinner** (plan p. 62, D1 ; 786-405-1745 ; 1300 Biscayne Blvd ; dîner 25 $, vin inclus 40 $; 18h30 lun ;) est d'un excellent rapport qualité/prix.
Appelez pour réserver.

tient ses promesses et propose burgers, tacos et pizzas, tous 100% végétaliens et délicieux. (☎305-400-8895 ; 379 SW 15th Rd ; plats 10-16 $; ⏲8h-21h lun-ven, 9h-21h sam ;)

Soya e Pomodoro

ITALIEN $$

16 Plan p. 62, D5

Le Soya e Pomodoro s'apparente à un refuge à l'ambiance bohème pour artistes et réalisateurs italiens, qui peuvent y savourer des bols de pâtes fraîches, entourés de posters anciens, de peintures colorées et de curieuses tentures. Concerts de jazz (jeudi soir de 21h à minuit), lectures et autres événements artistiques sont organisés certains soirs. (☎305-381-9511 ; www.soyaepomodoro.com ; 120 NE 1st St ; midi 11-18 $, soir 16-26 $; ⏲11h30-16h30 lun-ven, 19h-23h30 mer-sam)

CVI.CHE 105

PÉRUVIEN $$

17 Plan p. 62, D5

Restaurant péruvien très populaire au cadre tout de blanc de Juan Chipoco. *Ceviches* joliment présentés, *lomo saltado* (steak mariné) et *arroz con mariscos* (riz aux fruits de mer) sont idéals à partager et s'accompagnent de Pisco Fuegos (composé de pisco au piment jalapeño) et d'autres cocktails maison péruviens. (☎305-577-3454 ; www.ceviche105.com ; 105 NE 3rd Ave ; ⏲12h-22h dim-jeu, jusqu'à 23h ven-sam)

Prendre un verre

Blackbird Ordinary

BAR

18 Plan p. 62, C7

Loin d'être ordinaire, le Blackbird est un excellent bar, avec de superbes cocktails (le London Sparrow, composé de gin, poivre de Cayenne, jus de citron et fruits de la passion, se boit bien) et une immense cour. Seul élément "ordinaire" ici : l'accueil chaleureux pour une soirée agréable et sans prétention. (☎305-671-3307 ; www.blackbirdordinary.com ; 729 SW 1st Ave ; ⏲15h-5h lun-ven, 17h-5h sam-dim)

Eleven Miami

CLUB

19 Plan p. 62, C2

L'un des meilleurs clubs de Downtown depuis son ouverture en 2014, l'Eleven Miami est un régal pour les yeux (et l'on ne parle pas que de la belle clientèle) : gogo danseuses, trapézistes et numéros osés (style strip-tease) s'exécutent avec une sono dernier cri, des lumières laser et des vidéos au mur. Les excellents DJ déchaînent les foules. (E11EVEN ; ☎305-570-4803 ; www.11miami.com ; 29 NE 11th St ; ⏲24h/24)

Area 31

BAR SUR UN TOIT

20 Plan p. 62, D6

Sur le toit du **Kimpton Epic Hotel** (☎305-424-5226 ; www.epichotel.com), ce bar animé en plein air attire les employés sortis du bureau avec son

ATGIMAGES/SHUTTERSTOCK ©

American Airlines Arena (p. 70)

happy hour. Puis la clientèle se fait plus fêtarde à mesure que la soirée avance. La vue – sur la rivière et les tours de Downtown – est sublime. (www.area31restaurant.com ; 270 Biscayne Blvd Way, Klimpton Epic Hotel ; 17h-23h dim-jeu, jusqu'à minuit ven-sam)

Pawnbroker

BAR SUR UN TOIT

21 Plan p. 62, D5

Le dernier étage du Langford Hotel réserve une vue imprenable sur Downtown, d'excellents cocktails et une ambiance chaleureuse et sans prétention. L'endroit est animé durant l'*happy hour* (17h-19h en semaine), au moment du coucher du soleil, mais aussi très prisé (allez-y tôt pour éviter la foule). (305-420-2200 ; www.pawnbrokermiami.com ; 121 SE 1st St, Langford Hotel ; 17h-minuit lun-jeu, jusqu'à 2h ven-sam, 16h-22h dim)

Space

CLUB

22 Plan p. 62, C2

Cet entrepôt de plusieurs niveaux est la plus grande discothèque de Miami. Les danseurs peuvent se déhancher sur près de 2 800 m^2 et la licence autorisant la vente d'alcool 24h/24 redéfinit le concept des after. Les DJ proposent une ambiance différente à chaque étage (hip-hop, latino, électro) et le toit-terrasse est idéal pour le lever du soleil. (305-375-0001 ; www.clubspace.com ; 34 NE 11th St ; 23h-tard ven-dim)

Level 25

BAR

23 Plan p. 62, D8

Situé au 24e étage du Conrad Miami, ce bar rappelant l'univers de *Matrix* se distingue par ses longues lignes blanches, ses canapés noirs bas, ses rayures et son point de vue imprenable sur Biscayne Bay. (Conrad Miami, 1395 Brickell Ave ; 11h30-23h dim-jeu, jusqu'à minuit ven-sam)

Batch Gastropub

BAR

24 Plan p. 62, C8

À Brickell, pub gastronomique à la clientèle plutôt guindée. Si le sport à la TV ne vous gêne pas, le Batch ne manque pas d'attraits : excellent choix de bières artisanales et de *fizzes* (cocktails gazeux) pression, cocktails créatifs et nombreux bons en-cas (frites à la truffe, tacos de mérou, burgers à la poitrine de bœuf, pizzas aux champignons sauvages).

Bonnes réductions sur les plats et les boissons pendant l'happy hour (17h-20h en semaine). (30 SW 12th St ; 12h-3h dim-jeu, jusqu'à 4h ven-sam)

Sortir

American Airlines Arena

STADE

25 Plan p. 62, D3

Semblable à un imposant vaisseau spatial qui planerait au bord de Biscayne Bay, ce stade est le siège des Miami Heat, la franchise locale de la NBA, depuis 2000. Il héberge le **Waterfront Theater**, le plus grand théâtre de Floride, dans lequel concerts, spectacles de Broadway et autres se déroulent toute l'année. (786-777-1000 ; www.aaarena.com ; 601 N Biscayne Blvd)

Olympia Theater

ARTS DU SPECTACLE

26 Plan p. 62, D5

Ce cinéma des années 1920, élégamment rénové, propose une grande variété d'événements : festivals de cinéma, symphonies, ballets et spectacles. L'acoustique est excellente. (305-374-2444 ; www.olympiatheater.org ; 174 E Flagler St)

Florida Grand Opera

OPÉRA

27 Plan p. 62, D1

Fondée dans les années 1940, cette compagnie d'opéra très respectée, qui a mis en scène de nombreux spectacles comme *Madame Butterfly*, *La Bohème* et *Tosca*, se produit toute l'année à l'Adrienne Arsht Center for the Performing Arts et à Fort Lauderdale. (800-741-1010 ; www.fgo.org ; 1300 Biscayne Blvd, Adrienne Arsht Center for the Performing Arts)

Miami Hispanic Ballet

DANSE

28 Plan p. 62, A6

Dirigée par le Cubain Pedro Pablo Peña, cette troupe présente surtout des ballets classiques préparés au Miami Hispanic Cultural Arts Center, surnommé "la Maison Blanche du Ballet". (786-747-1877 ; www.miamihispanicballet.org ; 111 SW 5th Ave)

Comprendre
Art public

Miami a toujours été précurseur en matière d'art public. En 1973, Miami et Miami Beach ont créé le programme Art in Public Places ("Art dans les lieux publics"), en votant l'allocation d'1,5% du budget de la construction à la promotion de l'art public. Depuis, plus de 700 œuvres – sculptures, mosaïques, fresques et installations lumineuses, entre autres – ont été créées. Les empreintes de mains représentant les nombreuses communautés de migrants de Miami ne forment plus qu'une seule communauté dans *Reaching for Miami Skies*, de Connie Lloveras, qui accueille les usagers du Metromover à Brickell Station. Dans la Miami-Dade Library, le texte flottant *Words Without Thought Never to Heaven Go* d'Edward Ruscha incite les lecteurs à s'intéresser aux livres qui les entourent. Parmi les artistes les plus prolifiques de la ville, le duo argentin, Roberto Behar et Rosario Marquardt, détourne délibérément la notion même d'espace public ; ils ont créé l'immense M rouge de la Riverwalk Station du Metromover pour le centenaire de la ville en 1996.

Shopping

Books & Books

LIVRES

29 Plan p. 62, D1

Cette excellente librairie possède une petite succursale à l'Adrienne Arsht Center for the Performing Arts. Le **café** (786-405-1745 ; www.thecafeatbooksandbooks.com ; menu fixe 31-35 $, plats 15-22 $; 11h-20h ;) est un succès, tout comme le petit marché fermier qui se tient le lundi (16h-20h) devant la boutique. (1300 Biscayne Blvd, Adrienne Arsht Center for the Performing Arts ; 11h30-20h)

Mary Brickell Village

CENTRE COMMERCIAL

30 Plan p. 62, C8

Un ensemble de boutiques et restaurants, cafés et bars en extérieur qui a permis de redynamiser le quartier de Brickell. L'endroit attire les habitants des nouvelles résidences alentour grâce à son emplacement central au cœur du quartier financier. (305-381-6130 ; www.marybrickellvillage.com ; 901 S Miami Ave ; 10h-21h lun-sam, 12h-18h dim)

Explorer

Wynwood et le Design District

Wynwood et le Design District sont réputés pour leur paysage artistique florissant. L'ancienne friche industrielle de Wynwood accueille désormais des galeries, des boutiques de créateurs, des cafés et des tables branchés, ainsi qu'une incroyable palette d'art de rue. Plus compact, le Design District possède aussi son lot de galeries, commerces haut de gamme, bars et restaurants en tout genre.

L'essentiel en un jour

Commencez par des viennoiseries tout juste sorties du four chez **Zak the Baker** (p. 82) et un bon café à **Panther Coffee** (p. 82). Ensuite, marchez jusqu'aux **Wynwood Walls** (p. 74) pour admirer d'immenses fresques couvrant une ancienne friche industrielle. Pour un supplément d'art, explorez les nombreuses galeries de Wynwood. Beaucoup sont gratuites et d'autres – comme la somptueuse **Margulies Collection at the Warehouse** (p. 80) – méritent largement le droit d'entrée.

À midi, gagnez le Design District et le **Lost & Found Saloon** (p. 84) pour un bon repas tex-mex dans un cadre original. Une balade digestive dans le quartier vous fera découvrir des installations d'art public, des galeries et des boutiques prestigieuses.

Regagnez Wynwood en soirée, quand le quartier est le plus animé. Réservez une table à **Alter** (p. 84), l'un des meilleurs restaurants du secteur. Dégustez une bière unique à la microbrasserie **Boxelder** (p. 86), puis rendez-vous à **Lagniappe** (p. 84) pour de la musique live dans une arrière-cour charmante.

Pour une journée 100% Miami dans le Design District, rendez-vous p. 76.

Les incontournables

Wynwood Walls (p. 74)

100% Miami

Art et design (p. 76)

Le meilleur du quartier

Restaurants

Kyu (p. 83)

Alter (p. 84)

Kush (p. 82)

Bars et brasseries

Lagniappe (p. 84)

Wynwood Brewing Company (p. 85)

Bardot (p. 85)

Boutiques

Nomad Tribe (p. 86)

Frangipani (p. 87)

Malaquita (p. 87)

Comment y aller

Trolley Le trolley de Biscayne dessert Brickell Ave, Biscayne, 29th St et 39th St. Le trolley de Wynwood circule entre 15th St et NW 2nd Ave.

Bus De South Beach, prendre le bus n°120 pour descendre Washington Ave puis prendre le trolley de Wynwood.

Les incontournables
Wynwood Walls

Le lancement de Wynwood Walls fit l'effet d'un météore traversant les strates supérieures du monde artistique. D'incroyables fresques multicolores couvrent désormais les murs d'un ancien quartier d'entrepôts. Des artistes du monde entier ont participé à cette galerie à ciel ouvert, en perpétuelle évolution, transformant Wynwood en un eldorado pour les amateurs d'art.

Plan p. 79, C6

www.thewynwoodwalls.com

NW 2nd Ave entre 25th St et 26th St

gratuit

Histoire du lieu

Au début des années 2000, il ne se passait pas grand-chose à Wynwood, un quartier d'entrepôts. Et c'est alors qu'arriva Tony Goldman.

Goldman, à qui l'on doit la renaissance de South Beach (et du quartier de SoHo à New York), vit tout de suite le potentiel de ce secteur sinistré et acheta plusieurs propriétés. Dans un espace gigantesque, il invita des artistes internationaux à réaliser la plus grande et la plus audacieuse des collections d'art de rue.

En 2009, l'inauguration fit un tabac. Cette année-là, **Art Basel** (www.artbasel.com/miami-beach ; ⏲début déc) reçut des milliers de visiteurs venus admirer les fresques ; et en ville, les Wynwood Walls étaient au cœur de toutes les conversations.

Les œuvres

Ici, rien n'est jamais figé : c'est l'un des aspects les plus extraordinaires des Wynwood Walls et c'est peut-être une métaphore appropriée pour la nature éphémère du street art en général. La durée de vie moyenne d'une fresque est de moins d'un an. Elle est ensuite recouverte par un autre artiste, ce qui est toujours étonnant vu la qualité exceptionnelle des œuvres. Depuis le lancement du projet, plus de 50 artistes de 16 pays différents se sont exprimés sur les murs.

Musée en plein air

Les Walls constituent le centre névralgique de la galerie à ciel ouvert de Wynwood, mais ils ne sont plus les seuls protagonistes de l'histoire. Suite au succès de Goldman, d'autres propriétaires ont invité des artistes à peindre les murs de leurs bâtiments. En quelques années, le quartier est devenu un immense musée en plein air, avec des surprises à chaque coin de rue et des possibilités infinies pour les férus de photographie.

☑ À savoir

- Venez tôt pour devancer la foule.
- Les Wynwood Walls proposent des circuits à pied (25 $/pers), menés par les artistes. Réservez en ligne.
- Pour plus de détails sur l'art de rue et les galeries du secteur, participez au circuit pédestre de Wynwood Art Walk (p. 143).
- Le deuxième samedi du mois, la Wynwood Art Walk (p. 82) est l'une des meilleures occasions pour découvrir le quartier.

Une petite faim ?

Dégustez la délicieuse cuisine de rue mexicaine de Coyo Taco (p. 80). Pour le meilleur café filtre de Miami, rendez-vous à Panther Coffee (p. 82).

100% Miami
Art et design

Fidèle à son nom, le Design District est un quartier compact, constellé de galeries, de restaurants raffinés et de boutiques de créateurs haut de gamme. Outre les commerces de luxe, vous découvrirez çà et là une belle architecture contemporaine, ainsi que d'intrigantes installations extérieures qui font sortir l'art des galeries et l'amènent dans la sphère publique.

1 Locust Projects

Pour les artistes contemporains en devenir, **Locust Projects** (☎305-576-8570 ; www.locustprojects.org ; 3852 N Miami Ave ; gratuit ; ⏰10h-18h mar-sam) est désormais un nom important. Depuis son lancement en 1998, ce collectif à but non lucratif, géré par des artistes, a exposé plus de 250 créateurs locaux, nationaux et internationaux. La galerie accueille souvent des installations conçues spécialement pour le site et

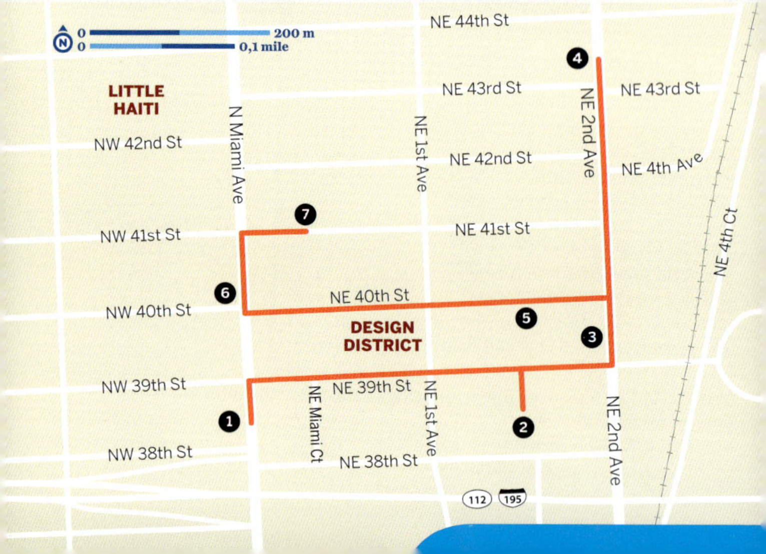

affiche la volonté de prendre plus de risques que les lieux plus commerciaux.

❷ Palm Court

Épicentre du Design District, cette jolie **cour** (140 NE 39th St) a ouvert juste avant le retour d'Art Basel en 2014. Plantée de hauts palmiers, elle est entourée de boutiques chics organisées sur deux niveaux. Au centre se dresse une sculpture époustouflante, le Fly's Eye Dome, un dôme géodésique qui semble flotter dans une fontaine carrée.

❸ Crumb on Parchment

Pour combler une petite fringale ou une envie de sucré, il n'existe pas meilleur endroit que cet extraordinaire café et **boulangerie** (☎305-572-9444 ; 3930 NE 2nd Ave ; plats 9-15 $; ⌚9h-16h lun-ven ; 📶✍). Outre les succulents brownies au chocolat, scones et autres viennoiseries, ce charmant établissement baigné de soleil propose des salades, des soupes et des sandwichs imaginatifs.

❹ The Bazaar Project

Dans le Design District, passez un agréable moment dans cette **boutique** (☎786-703-6153 ; www.thebazaarprojectshop.com ; 4308 NE 2nd Ave ; ⌚11h-20h lun-sam, 12h-18h dim) amusante. Bon choix d'objets insolites qui ne rentreront pas forcément dans votre valise : coussins ornés d'animaux sauvages ultra réalistes, plats en céramique mêlant les styles asiatiques et européens, porte-crayons déguisés en appareil photos vintage, bougies en forme de crâne et parfums Mancera uniques.

❺ Michael's Genuine

L'adresse la plus vivante du Design District est cette **taverne** (☎305-573-5550 ; www.michaelsgenuine.com ; 130 NE 40th St ; plats déj 16-26 $, dîner 19-44 $; ⌚11h30-23h lun-sam, 11h30-22h dim) chic installée de longue date, qui combine un service irréprochable et un alléchant menu : plats mitonnés au feu de bois, salades généreuses et bar de produits crus (notamment des huîtres et des crabes caillou noir). Les clients sont pour la plupart tirés à quatre épingles et le lieu est bondé quasiment tous les jours. Également une terrasse dans la rue piétonne à l'avant.

❻ Living Room

Signe que vous pénétrez dans le Design District, voici une installation d'art public surréaliste représentant un salon posé en pleine rue. Créé par les Argentins Roberto Behar et Rosario Marquardt, ce **Living Room** (angle NW 40th St et N Miami Ave) est une “intervention urbaine” visant à critiquer la disparition de l'espace public.

❼ De la Cruz Collection

Cette **galerie** (☎305-576-6112 ; www.delacruzcollection.org ; 23 NE 41st St ; gratuit ; ⌚10h-16h mar-sam) de 2 800 m^2 est un coffre à trésor abritant des œuvres contemporaines sur trois niveaux, que vous pourrez arpenter librement. Rosa et Carlos de la Cruz, originaires de Cuba, possèdent de nombreuses peintures allemandes d'après-guerre, ainsi que de fascinantes œuvres de Jim Hodges, Ana Mendieta et Felix Gonzalez Torres.

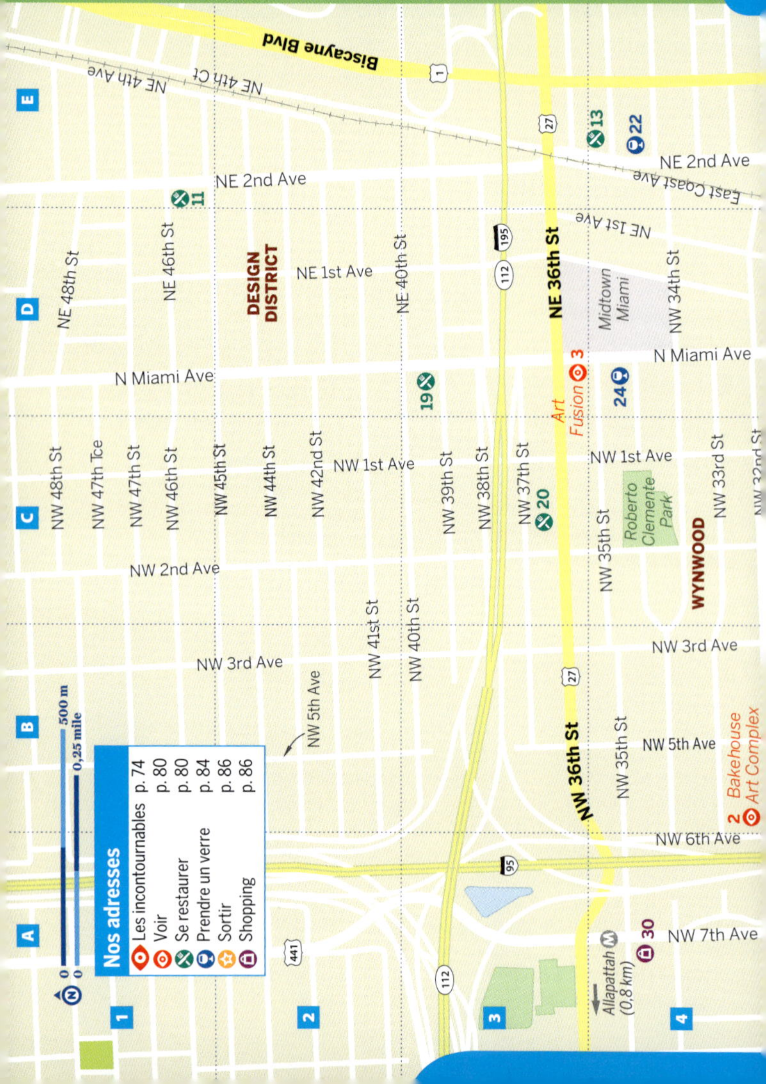
Nos adresses
Les incontournables p. 74
Voir p. 80
Se restaurer p. 80
Prendre un verre p. 84
Sortir p. 86
Shopping p. 86
500 m
0,25 mile
DESIGN DISTRICT
WYNWOOD
Midtown Miami
Roberto Clemente Park
Art Fusion 3
Bakehouse Art Complex 2
Allapattah (0,8 km)
Biscayne Blvd
NE 4th Ave
NE 4th Ct
NE 2nd Ave
East Coast Ave
NE 1st Ave
N Miami Ave
NW 1st Ave
NW 2nd Ave
NW 3rd Ave
NW 5th Ave
NW 6th Ave
NW 7th Ave
NE 48th St
NE 46th St
NE 40th St
NE 36th St
NW 36th St
NW 48th St
NW 47th Tce
NW 47th St
NW 46th St
NW 45th St
NW 44th St
NW 42nd St
NW 41st St
NW 40th St
NW 39th St
NW 38th St
NW 37th St
NW 35th St
NW 34th St
NW 33rd St
11
13
19
20
22
24
30
A
B
C
D
E
1
2
3
4

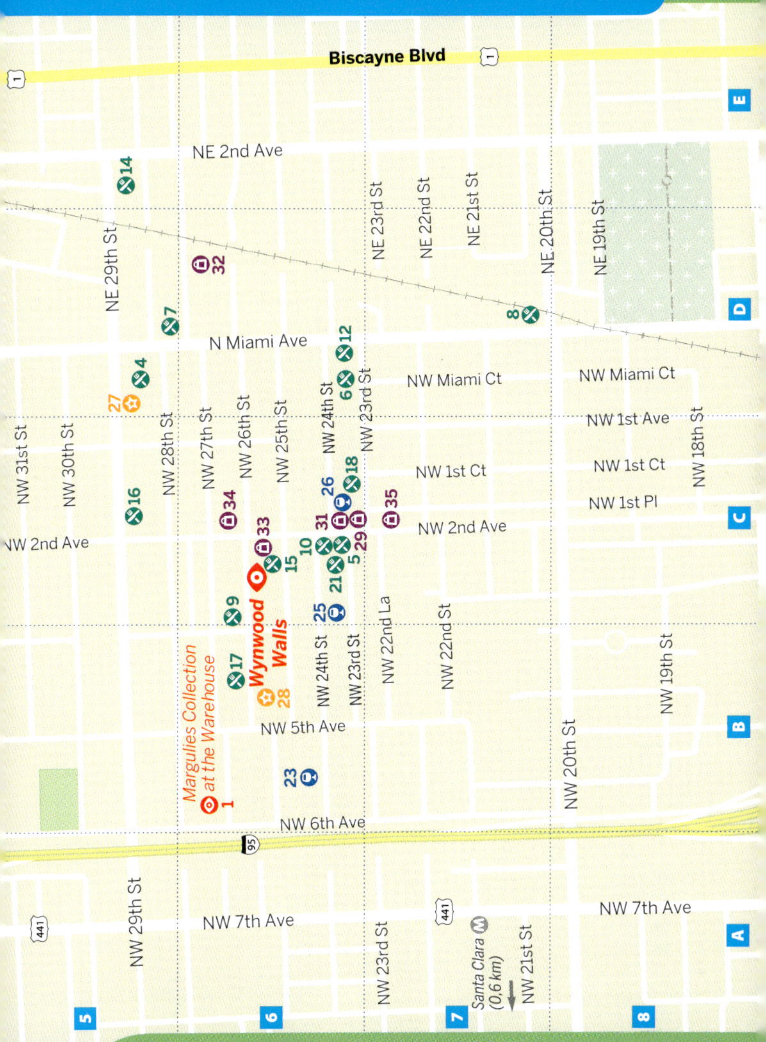
Biscayne Blvd
NE 2nd Ave
N Miami Ave
NW Miami Ct
NW 1st Ave
NW 1st Ct
NW 1st Pl
NW 2nd Ave
NW 5th Ave
NW 6th Ave
NW 7th Ave
NE 29th St
NE 23rd St
NE 22nd St
NE 21st St
NE 20th St
NE 19th St
NW 31st St
NW 30th St
NW 29th St
NW 28th St
NW 27th St
NW 26th St
NW 25th St
NW 24th St
NW 23rd St
NW 22nd La
NW 22nd St
NW 21st St
NW 20th St
NW 19th St
NW 18th St
Wynwood Walls
Margulies Collection at the Warehouse
Santa Clara (0,6 km)
1
4
5
6
7
8
9
10
12
14
15
16
17
18
21
23
25
26
27
28
29
31
32
33
34
35
95
441
A
B
C
D
E

Voir

Margulies Collection at the Warehouse GALERIE

1 Plan p. 78, B6

Couvrant 4 200 m², ce vaste espace d'exposition à but non lucratif accueille l'une des plus belles collections de Wynwood. Les installations, de grande taille et qui incitent à la réflexion, sont la marque de fabrique de la Warehouse. Vous verrez ici certains des plus grands artistes du XXIe siècle. (305-576-1051 ; www.margulieswarehouse.com ; 591 NW 27th St ; tarif plein/étudiant 10/5 $; 11h-16h mar-sam mi-oct à avr)

Bakehouse Art Complex GALERIE

2 Plan p. 78, B4

L'une des institutions les plus réputées de Wynwood, la Bakehouse était déjà une pépinière artistique bien avant la création des Wynwood Walls. Aujourd'hui, cette ancienne boulangerie abrite des galeries, quelque 60 ateliers et un éventail d'œuvres assez ahurissant. Consultez le programme pour les conférences d'artistes et autres événements. (BAC ; 305-576-2828 ; www.bacfl.org ; 561 NW 32nd St ; gratuit ; 12h-17h ; P)

Art Fusion GALERIE

3 Plan p. 78, D3

Cette grande galerie de Midtown présente une collection incroyablement variée, avec des artistes des quatre coins de la planète. Sur deux niveaux (750 m²), vous découvrirez des sculptures, des portraits, des paysages et des techniques mixtes. (www.artfusionartists.com ; 3550 N Miami Ave ; gratuit ; 11h-18h lun-sam)

Se restaurer

Della Test Kitchen VEGAN $

4 Plan p. 78, D5

Ce food truck garé dans Wynwood Yard propose de délicieux "bols". L'occasion de composer votre propre œuvre d'art culinaire avec des ingrédients goûteux et sains : riz noir au lait de coco, tempeh au gingembre, pois chiches, patate douce et kalé mariné. Comme on peut s'y attendre, le DTK rencontre un franc succès. (305-351-2961 ; www.dellabowls.com ; 56 NW 29th St, Wynwood Yard ; plats 11-14 $; 12h-22h mar-dim ;)

Coyo Taco MEXICAIN $

5 Plan p. 78, C6

L'adresse qu'il vous faut pour combler une envie de tacos à Wynwood. De jour comme de nuit, vous devrez faire la queue, mais vous ne le regretterez pas. Les tacos sont absolument divins et les classiques à base de steak, poisson grillé ou porc rôti sont complétés par des créations originales au poulpe grillé, aux champignons marinés ou au canard croustillant. (305-573-8228 ; www.coyo-taco.com ;

JOAQUIN BARBARA/SHUTTERSTOCK ©

Zak the Baker (p. 82)

2300 NW 2nd Ave ; plats 7-12 $; 11h-2h lun-sam, 11h-23h dim ;)

Salty Donut — BEIGNETS $

6 Plan p. 78, D6

Si l'appellation "beignets artisanaux" peut sembler prétentieuse, on ne peut nier les qualités gustatives de ces superbes créations, mitonnées avec des ingrédients de saison – sans doute les meilleurs beignets du sud de la Floride. Choisissez entre les mariages classiques (sirop d'érable et bacon, goyave et fromage ou beurre noisette et sel) ou tentez la composition du moment (par exemple, pistache et chocolat blanc ou fraise et crème au citron). (305-925-8126 ; www.saltydonut.com ; 50 NW 23rd St ; beignets 3-6 $; 8h-18h mar-dim ;)

SuViche — FUSION $

7 Plan p. 78, D5

Avec sa bonne musique et ses fresques façon graffitis, ce restaurant ouvert sur les côtés est parfait pour commencer la soirée : installez-vous dans les rocking-chairs pour discuter avant de vous régaler. Le menu annonce un mélange de plats péruviens (dont une demi-douzaine de ceviches) et de sushis, à accompagner de *macerados* (cocktails au pisco) créatifs. (305-501-5010 ; www.suviche.com ; 2751 N Miami Ave ; ceviches 8-14 $; 12h-23h)

100% Miami

Festival artistique mensuel

L'une des meilleures façons de découvrir le paysage artistique florissant de Miami est la **Wynwood Art Walk** (plan p. 78, E8 ; www.artcircuits.com ; gratuit ; 19h-22h 2e sam du mois), organisée le deuxième samedi de chaque mois. Beaucoup de galeries de Wynwood ouvrent leurs portes et accueillent des événements spéciaux. Profitez des boissons (pas toujours gratuites), de la musique live un peu partout, des food trucks et des marchés spécialisés.

Kush

AMÉRICAIN $

8 Plan p. 78, D7

Burgers gastronomiques et bière artisanale : la formule a fait ses preuves dans ce bar-restaurant animé, au sud de Wynwood. Steaks juteux surmontés de pastrami chaud, avocats de Floride et autres délices se marient parfaitement aux bières de Sixpoint et Funky Buddha. Il y a également d'excellentes options végétariennes, notamment un burger aux haricots noirs maison et du jambalaya vegan. (305-576-4500 ; www.kushwynwood.com ; 2003 N Miami Ave ; plats 13-15 $; 12h-23h dim-mar, 12h-minuit mer-sam ;)

Zak the Baker

BOULANGERIE $

9 Plan p. 78, C6

Grâce à ses fabuleux pains frais, ses croissants et ses pâtisseries, cette boulangerie est devenue une légende à Miami. Voir aussi sa version traiteur (p. 83). (786-294-0876 ; www.zakthebaker.com ; 295 NW 26th St ; pâtisseries à partir de 3,50 $; 7h-17h dim-ven)

Panther Coffee

CAFÉ $

10 Plan p. 78, C6

Le meilleur café indépendant de Miami est spécialisé dans les grains d'origine unique, torréfiés en petite quantité et à la perfection. Outre les expressos corsés (ou *latte* crémeux) préparés à la demande avec une machine Chemex, vous pourrez déguster une bière microbrassée, du vin et des douceurs. Terrasse à l'avant. (305-677-3952 ; www.panthercoffee.com ; 2390 NW 2nd Ave ; café 3-6 $; 7h-21h lun-sam, 8h-21h dim ;)

Buena Vista Deli

CAFÉ $

11 Plan p. 78, E1

En cas de nostalgie, ce charmant café appartenant à des Français est une bonne idée. Venez le matin pour les croissants frais et autres viennoiseries, ou plus tard pour une quiche, une salade copieuse et des sandwichs généreux – également du vin, de la bière et de bons cafés. (305-576-3945 ; www.buenavistadeli.com ; 4590 NE 2nd Ave ; plats 8-15 $; 7h-21h)

Ono Poke

HAWAÏEN $

12 Plan p. 78, D6

Ce petit restaurant fait fureur depuis son ouverture en 2016. La clé du succès : les convives élaborent leur propre bol *poke*, en commençant par du poisson cru ultrafrais et en ajoutant des légumes ou du riz, puis des garnitures (gingembre, concombre, oignons blancs, petits pois au wasabi) et une sauce au choix. (☎786-618-5366 ; www.onopokeshop.com ; 2320 N Miami Ave ; plats 10-16 $; 12h-20h lun-sam, 12h-18h dim)

La Latina

LATINO-AMÉRICAIN **$**

13 Plan p. 78, E4

Voici l'une des meilleures adresses à prix doux dans le secteur du Design District : un restaurant vénézuélien prisé des habitants de Midtown et d'une clientèle bohème. Les végétariens apprécieront les *arepas* (pains de maïs) au fromage et à l'avocat, mais on trouve aussi beaucoup de plats de viande, du riz, des haricots et des bananes plantains. (☎305-571-9655 ; www.lalatinamiami.com ; 3509 NE 2nd Ave ; plats 6-10 $; 10h-22h dim-jeu, 10h-5h ven-sam ;)

Enriqueta's

LATINO-AMÉRICAIN **$**

14 Plan p. 78, E5

Il fut un temps où les Portoricains avaient la mainmise sur Wynwood. Pour une réminiscence de cette époque, entrez dans ce restaurant de bord de route continuellement bondé. L'ambiance latino est aussi corsée que les *cortaditos* (cafés au lait) servis au comptoir. Avant d'aller faire un tour dans une galerie branchée, croquez dans un sandwich cubain bien juteux. (☎305-573-4681 ; 186 NE 29th St ; plats 6-9 $; 6h-15h45 lun-ven, 6h-14h sam)

Kyu

FUSION **$$**

15 Plan p. 78, C6

L'un des meilleurs parmi les nouveaux restaurants de Wynwood, Kyu a séduit les habitants comme les critiques gastronomiques grâce à ses plats imaginatifs, d'inspiration asiatique, la plupart cuits sur un gril au feu de bois. L'ambiance est effervescente et la décoration industrielle est réchauffée par un éclairage soigné et des touches de bois. (☎786-577-0150 ; www.kyumiami.com ; 251 NW 25th St ; assiette à partager 17-38 $; 12h-23h30 lun-sam, 11h-22h30 dim, bar jusqu'à 1h ven-sam ;)

Cake Thai

THAÏLANDAIS **$$**

16 Plan p. 78, C5

Quand une envie de saveurs thaïes les titille, les habitants de Wynwood trouvent désormais leur bonheur à deux pas, et l'expertise du chef Phuket Thongsodchaveondee (surnommé "Cake") est toujours au rendez-vous. (☎305-573-5082 ; 180 NW 29th St ; plats 16-25 $; 12h-minuit mar-dim ;)

Zak the Baker

TRAITEUR **$$**

17 Plan p. 78, B6

Le meilleur traiteur casher de Miami est apprécié de tous pour ses sandwichs délicieux (mais chers) : goûtez le corned-beef braisé coupé à la main, ou le succulent sandwich au gravlax. On vient aussi pour les galettes de pomme de terre et les œufs. (☎786-347-7100 ; www.zakthebaker.com ; 405 NW 26th St ; sandwichs 14-18 $; 8h-17h dim-ven)

Butcher Shop
AMÉRICAIN **$$**

18 Plan p. 78, C6

Cet établissement qui porte bien son nom (La Boucherie) fait résolument de l'œil aux carnivores. Entrecôte, saucisses fumées, charcuterie… Les amateurs de viande seront comblés. Avis à ceux qui aiment la bière : cette boucherie est aussi un *beer garden* qui s'anime en soirée. (305-846-9120 ; www.butchershopmiami.com/tbs ; 165 NW 23rd St ; plats 13-34 $; 11h-23h dim-jeu, 11h-2h ven-sam)

Harry's Pizzeria
PIZZAS **$$**

19 Plan p. 78, D3

Cette adresse du Design District enchantera littéralement les amateurs de pizzas. En dépit de sa salle et de sa cuisine minuscules, Harry concocte des pizzas au feu de bois d'une simplicité trompeuse, car les ingrédients sont très originaux (mention spéciale pour le porc à l'étouffée ou le kalé et oignons caramélisés). Ajoutez à cela des entrées irrésistibles comme les frites de polenta et vous obtiendrez un fabuleux repas à prix correct. (786-275-4963 ; www.harryspizzeria.com ; 3918 N Miami Ave ; pizzas 13-17 $, plats 16-21 $; 11h30-22h dim-jeu, 11h30-minuit ven-sam ;)

Lost & Found Saloon
MEXICAIN **$$**

20 Plan p. 78, C3

Dans ce petit restaurant animé de Wynwood, le service est sympathique et la cuisine fantastique. La décoration Far-West est assez kitsch (lustres en roue de chariot et silhouettes de cow-boys) mais colle bien avec les sandwichs au porc effiloché, les tacos et le tofu aux piments (pas sûr que John Wayne apprécierait). (305-576-1008 ; 185 NW 36th St ; plats 10-20 $; 11h-3h ;)

Alter
AMÉRICAIN MODERNE **$$$**

21 Plan p. 78, C6

Avec cette nouvelle adresse saluée par la critique, c'est la haute cuisine créative qui s'invite à Wynwood sous les traits du jeune et talentueux chef Brad Kilgore. Le menu d'inspiration asiatique et européenne évolue au gré des saisons pour mettre à l'honneur les excellents produits de Floride. Réservez bien à l'avance. (305-573-5996 ; www.altermiami.com ; 223 NW 23rd St ; menu 5/7 plats 69/89 $; 19h-23h mar-dim)

Prendre un verre

Lagniappe
BAR

22 Plan p. 78, E4

Petit bout de La Nouvelle-Orléans à Miami, Lagniappe se distingue par une salle à l'ancienne devant le comptoir, avec une multitude de tableaux accrochés aux murs en parpaings et un mobilier vintage défraîchi. L'ambiance est parfaite : excellente musique live (tous les soirs 21h-minuit) et clientèle décontractée. À l'arrière, le grand jardin est doté de palmiers et guirlandes lumineuses. (305-576-0108 ; www.lagniappehouse.com ; 3425 NE 2nd Ave ; 19h-2h dim-jeu, 19h-3h ven-sam)

Wynwood Brewing Company

MICROBRASSERIE

23 Plan p. 78, B6

Le monde de la bière est en plein boom à Miami, mais cette petite brasserie artisanale à l'éclairage chaleureux, qui fut la première de Wynwood, reste la meilleure. Cet établissement familial de 15 fûts est géré par un personnel avenant et bien informé. On y trouve des bières fameuses proposées toute l'année (dont une ale blonde, une brune robuste et une fabuleuse IPA) ou selon les saisons. Il y a toujours un food truck garé à l'extérieur. (305-982-8732 ; www.wynwoodbrewing.com ; 565 NW 24th St ; 12h-22h dim-lun, 12h-minuit mar-sam)

Bardot

CLUB

24 Plan p. 78, D4

Vous ne devez pas quitter la ville sans avoir vu l'intérieur du Bardot ! Affiches françaises vintage et mobilier (dont un billard) digne d'un club privé, fréquenté par les millionnaires en journée et théâtre de tous les excès à la nuit tombée. L'entrée semble être sur N Miami Ave, mais elle se fait en réalité par un parking situé derrière le bâtiment. (305-576-5570 ; www.bardotmiami.com ; 3456 N Miami Ave ; 20h-3h mar-mer, 20h-5h jeu-sam)

Coyo Taco

BAR

En ce moment, les bars secrets dissimulés derrière des stands de tacos ont le vent en poupe à Miami. Pour trouver celui-ci, rendez-vous au Coyo Taco (voir 5 Plan p. 78, C6), longez le couloir, dépassez les toilettes et poussez la porte sans enseigne. À l'intérieur, vous découvrirez un lieu élégant à l'éclairage tamisé, avec de belles céramiques au sol, un long comptoir en bois et une niche pour le DJ, qui réchauffe l'atmosphère avec des cuivres latinos et de la funk afro-cubaine. (www.coyo-taco.com ; 2300 NW 2nd Ave ; 17h-minuit dim-mer, 17h-3h jeu-sam)

Bon plan

Food trucks et cocktails

Jadis parcelle désaffectée, la **Wynwood Yard** (plan p. 78, D5 ; www.thewynwoodyard.com ; 56 NW 29th St ; plats 7-14 $; 12h-23h mar-jeu, 12h-1h ven-dim ;) a des allures d'oasis urbaine pour quiconque souhaite prendre un repas ou un verre en plein air, dans une ambiance décontractée. Une douzaine de food trucks stationnent ici, proposant de savoureux macaronis au fromage, des salades variées, des assiettes de côtelettes, des tacos relevés, des desserts, etc. Il y a aussi un bar et très souvent de la musique live.

Concrete Beach Brewery

BRASSERIE

25 Plan p. 78, C6

Concrete Beach est une petite brasserie de quartier, pourvue d'une cour où vous pourrez déguster une IPA, une bière blanche avec une tranche de citron, une pilsner légère ou une bière de saison (par exemple celle au genévrier, appelée Miami Gras et servie en février). L'ambiance n'est pas folle mais c'est une excellente adresse pour les amateurs de houblon. (☎305-796-2727 ; www.concretebeachbrewery.com ; 325 NW 24th St ; 17h-23h lun-jeu, 17h-1h ven, 13h-1h sam-dim)

Gramps

BAR

26 Plan p. 78, C6

Convivial et sans prétention, Gramps a toujours quelque chose dans les tiroirs : musique live et DJ (vendredi et samedi), soirées quizz et loto (mardi et mercredi) ou karaoké (jeudi). Toutefois, le vrai bonus est la vaste cour à l'arrière, parfaite pour boire un verre et papoter. (☎786-752-6693 ; www.gramps.com ; 176 NW 24th St ; 11h-1h dim-mer, 11h-3h jeu-sam)

100% Miami

Boxelder

Ce long espace étroit (plan p. 78, C5) est un paradis des amateurs de houblon, avec un choix époustouflant de bières d'ici et d'ailleurs. Les 20 options proposées à la pression évoluent constamment mais les bières de Floride du Sud sont toujours à l'honneur. Également plus de 100 références en bouteille. L'atmosphère conviviale et authentique de Boxelder est une des raisons de sa réussite.

Sortir

O Cinema Wynwood

CINÉMA

27 Plan p. 78, D5

Très apprécié, ce cinéma à but non lucratif programme des films indépendants et/ou étrangers et des documentaires, parfois intrigants, que vous n'aurez pas l'occasion de voir ailleurs. (☎305-571-9970 ; www.o-cinema.org ; 90 NW 29th St)

Light Box at Goldman Warehouse

ARTS DU SPECTACLE

28 Plan p. 78, B6

Dans ce théâtre intimiste, le Miami Light Project (fondation culturelle à but non lucratif) propose un large éventail de spectacles novateurs : théâtre, danse, musique et vidéo. Un lieu recommandé pour découvrir des œuvres avant-gardistes d'artistes souvent méconnus. (☎305-576-4350 ; www.miamilightproject.com ; 404 NW 26th St)

Shopping

Nomad Tribe

VÊTEMENTS

29 Plan p. 78, C6

Cette boutique propose uniquement des articles produits de manière éthique et durable : bijoux de Kathe Cuervo, chaussettes Osom (en fil recyclé), T-shirts écologiques de Thinking MU, café et bougies de THX (qui verse 100% de ses bénéfices à des associations caritatives).

(☎305-364-5193 ; www.nomadtribeshop.com ; 2301 NW 2nd Ave ; ⌚12h-20h)

Brooklyn Vintage & Vinyl MUSIQUE

30 Plan p. 78, A4

Ouvert depuis fin 2016, ce magasin de musique s'est déjà bâti une fidèle clientèle. On y trouve surtout des vinyles (ainsi que quelques cassettes et T-shirts), avec 5 000 disques en stock. Les vendeurs sont de bon conseil. (www.facebook.com/brooklynvintageandvinyl ; 3454 NW 7th Ave ; ⌚12h-21h mar-sam)

Shinola MODE ET ACCESSOIRES

31 Plan p. 78, C6

Cette petite boutique coquette de la marque Shinola, basée à Détroit, est la preuve que l'industrie manufacturière existe encore aux États-Unis. Superbes montres, portefeuilles, carnets, stylos, etc. Les prix peuvent être prohibitifs, mais la qualité est exceptionnelle. (☎786-374-2994 ; www.shinola.com ; 2399 NW 2nd Ave ; ⌚11h-19h lun-sam, 12h-18h dim ; wifi)

Art by God CADEAUX ET SOUVENIRS

32 Plan p. 78, D6

Pénétrez dans cet immense entrepôt débordant de reliques du passé. Fossiles, minéraux et pierres semi-précieuses servent de faire-valoir aux pièces plus impressionnantes : les majestueux lions, girafes, ours et zèbres empaillés. (☎305-573-3011 ; www.artbygod.com ; 60 NE 27th St ; ⌚10h-17h lun-ven, 11h-16h sam)

Frangipani ART ET ARTISANAT

33 Plan p. 78, C6

Vous trouverez des idées de cadeaux génialissimes dans cette petite boutique. Serviettes cousues main, paniers berbères vintage, verres gravés, papeterie et carnets originaux, adorables vêtements pour bébés, kits créatifs pour enfants, ainsi que des bijoux, sacs à main et produits pour la peau. (☎305-573-1480 ; www.frangipanimiami.com ; 2516 NW 2nd Ave ; ⌚11h-19h)

Malaquita ART ET ARTISANAT

34 Plan p. 78, C6

Cette boutique aménagée avec brio renferme des produits que vous ne trouverez nulle part ailleurs, notamment de jolis vases en verre soufflé, des vêtements brodés, des tapisseries méso-américaines, des bols peints de couleurs éclatantes, des paniers artisanaux et d'autres objets issus du commerce équitable – dont certains sont fabriqués par des artisans des communautés natives du Mexique. (www.malaquitadesign.com ; 2613 NW 2nd Ave ; ⌚11h-19h)

Base VÊTEMENTS

35 Plan p. 78, C7

Base est une élégante boutique pour hommes proposant des vestes et des pantalons à la coupe impeccable, des sacs et des cartables Herschel, des colliers minimalistes, des produits de toilette haut de gamme. (www.baseworld.com ; 2215 NW 2nd Ave ; ⌚11h-19h)

100% Miami
Upper East Side

Au nord-est de Wynwood, l'Upper East Side est un peu la nouvelle frontière branchée de Miami : ces dernières années, on y a vu apparaître des boutiques de créateurs, des ateliers d'artistes et des cafés. Le quartier réserve bien des surprises, entre autres un fabuleux marché d'Europe de l'Est et des endroits secrets pour faire du kayak dans la baie.

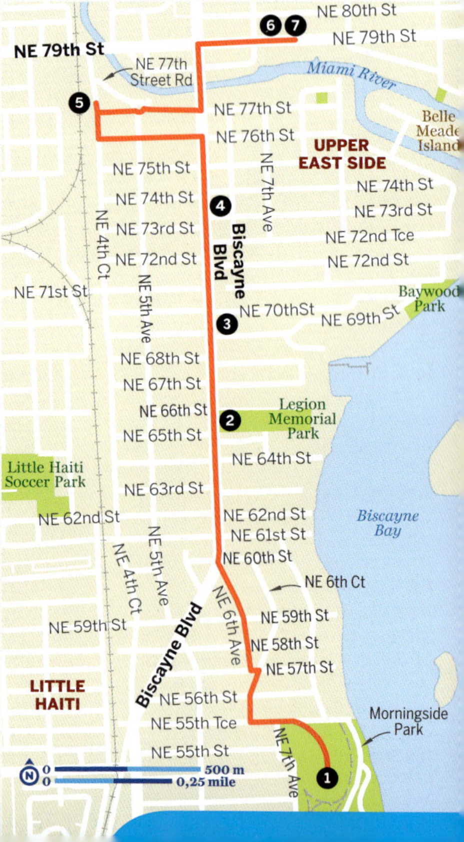

Comment y aller

Plusieurs bus circulent le long de Biscayne Blvd, notamment les nos 3, 16 et 93, que vous pourrez prendre dans 29th St près de Wynwood. De Downtown, il faut prendre le n°93, et de Mid-Beach, le n°112.

❶ Morningside Park

Au bord de l'eau, ce **parc** (750 NE 55 Tce) est particulièrement agréable le matin. Il y a toujours de l'activité, avec des terrains de basket, des courts de tennis, des pelouses, une aire de jeux pour enfants et une piscine (3 $). Le samedi, on peut louer des kayaks (à partir de 12 $/heure) et des planches de paddle (à partir de 20 $/heure).

❷ Upper East Side Farmers Market

Pour faire le plein de saveurs locales, arrêtez-vous dans ce petit **marché de producteurs** (angle Biscayne Blvd et 66th St, Legion Park ; ⏲9h-14h sam) qui s'installe dans le Legion Park d'Upper East Side chaque samedi, tout au long de l'année. Vous pourrez y acheter fruits, légumes, pains, gâteaux, fromages, confitures, miel et jus de fruits frais.

❸ Kundalini Yoga

Ce **studio de yoga** (☎305-603-8540 ; www.kymiami.com ; 6901 Biscayne Blvd ; cours sans réservation 20 $, location tapis 2 $; ⏲10h-18h30 lun-sam, 10h-16h dim) propose des cours de grande qualité très prisés par les habitants du quartier. Atmosphère spirituelle et méditative garantie.

❹ Vagabond Hotel

Véritable icône du quartier de MiMo (Miami Modern), le **Vagabond** (☎305-400-8420 ; www.thevagabondhotel.com ; 7301 Biscayne Blvd) est un motel et restaurant de 1953, dans lequel Frank Sinatra avait ses habitudes. Aujourd'hui, il a été transformé en boutique-hôtel et n'a rien perdu de sa superbe. Il se double d'un fabuleux **bar** (www.vagabondkitchenandbar.com ; ⏲17h-23h dim-jeu, 17h-minuit ven-sam) au bord de la piscine cachée à l'arrière.

❺ Miami Ironside

Cette **oasis** urbaine (www.miamiironside.com ; 7610 NE 4th Ct) est un nouveau nid de créativité dans un secteur industriel connu sous le nom de Little River. Vous y découvrirez des ateliers d'art et de design, des showrooms et des galeries ainsi que des bars et des restaurants. Doté d'une riche végétation, le quartier est aussi ponctué d'intrigantes œuvres d'art public.

❻ Marky's Gourmet

Institution parmi la communauté russe de Miami, **Marky's** (☎305-758-9288 ; www.markys.com ; 687 NE 79th St ; ⏲9h-19h lun-ven, 10h-18h sam, 9h-17h dim) est en activité depuis 1983. Les gourmets viennent de loin pour se ravitailler en fromages, olives, saucisses, vins, gâteaux, thés, confitures, chocolats, caviar, etc.

❼ The Anderson

The Anderson (www.theandersonmiami.com ; 709 NE 79th St ; ⏲17h-2h dim-jeu, 17h-4h ven-sam) est un fantastique bar de quartier. Lumière tamisée, canapés rouges, incroyable papier peint léopard et jukebox étincelant. Gagnez la cour à l'arrière pour une ambiance plus tropicale : vous pourrez même mettre les pieds dans le sable (sans l'océan, mais qu'importe !).

100% Miami
Key Biscayne

L'île de Key Biscayne et sa voisine Virginia Key sont des destinations facilement et rapidement accessibles depuis Downtown Miami. Après avoir traversé la route panoramique de Rickenbacker Causeway, vous aurez l'impression d'avoir été transporté dans un lointain paradis tropical, avec ses plages magnifiques, ses innombrables activités nautiques et ses sentiers luxuriants dans les parcs nationaux.

Comment y aller

Le bus n°102 part de Brickell (à côté de Brickell Station dans SW 1st Ave), traverse la Rickenbacker Causeway et continue jusqu'au Bill Baggs Cape Florida State Park.

1 Virginia Key Beach North Point Park

Ce joli **espace vert** (3801 Rickenbacker Causeway, Virginia Key ; en semaine/week-end 6/8 $ par véhicule ; 7h-18h) possède plusieurs petites plages et des petits sentiers naturels. On peut louer un kayak ou une planche de paddle au Virginia Key Outdoor Center.

2 Marjory Stoneman Douglas Biscayne Nature Center

Ce **centre dédié à la nature** (305-361-6767 ; www.biscaynenaturecenter.org ; 6767 Crandon Blvd, Crandon Park ; gratuit ; 10h-16h ; P) fera le bonheur des enfants et offre une excellente introduction aux écosystèmes de la Floride du Sud, avec des expositions interactives et des aquariums. Vous pourrez aussi vous balader à travers le *hammock* (forêt de bois durs) côtier ou profiter de la plage.

3 Crandon Park

La **Crandon Park Beach** (305-361-5421 ; www.miamidade.gov/parks/parks/crandon_beach.asp ; 6747 Crandon Blvd ; en semaine/week-end 5/7 $ par voiture ; lever-coucher du soleil ; P), fleuron de ce parc de 500 ha, est une superbe bande de sable de 4,8 km. Propre et peu fréquentée par les touristes, la plage compte parmi les plus belles du pays.

4 Oasis

Cet excellent **café cubain** (305-361-9009 ; 19 Harbor Dr ; plats 8-12 $; 8h-21h) est fréquenté par une clientèle allant de la classe ouvrière aux citadins aisés. Goûtez les succulents sandwichs cubains à la viande ou les assiettes maison de porc, riz, haricots et bananes plantains frites.

5 La Boulangerie Boul'Mich

Dans cette adorable **boulangerie** (www.laboulangerieusa.com ; 328 Crandon Blvd ; plats 12-15 $, pâtisseries 3-6 $; 7h30-20h lun-sam, 8h-15h dim ;) à la française, on concocte de délicieuses quiches, de bonnes *empanadas* à la viande ou aux légumes et de divines pâtisseries.

6 Bill Baggs Cape Florida State Park

Allez visiter ce **parc** (305-361-5811 ; www.floridastateparks.org/capeflorida ; 1200 S Crandon Blvd ; 8/2 $ par voiture/personne ; 8h-coucher du soleil, phare 9h-17h ; P) pour vous faire une idée des écosystèmes uniques des Keys. Cet espace de 200 ha, occupé par une faune tropicale et une épaisse mangrove, est sillonné de sentiers sablonneux et de passerelles en bois.

7 Rusty Pelican

C'est souvent le panorama imprenable et l'atmosphère romantique qui attirent les clients au **Pelican** (305-361-3818 ; www.therustypelican.com ; 3201 Rickenbacker Causeway, Virginia Key ; plats déj 13-18 $, dîner 29-44 $; 11h-23h dim-jeu, 11h-minuit ven-sam). Même si vous venez simplement pour un apéritif au coucher du soleil, la douceur de l'air pourrait bien vous retenir pour goûter les spécialités “terre et mer”, avec du poisson et de la viande grillée de première qualité.

Explorer

Little Havana

L'artère principale de Little Havana, la Calle Ocho (SW 8th St), ne se contente pas de traverser le quartier en son milieu : elle *est* le cœur du quartier. Certes, son caractère cubain est un peu exacerbé à l'intention des visiteurs, mais malgré cela, c'est un secteur très plaisant à explorer, avec le claquement des dominos, l'odeur des cigares et le latin jazz s'échappant de devantures colorées.

L'essentiel en un jour

Pour bien entamer la journée, rien de tel qu'un jus tropical fraîchement pressé et quelques ragots du quartier à **Los Pinareños Frutería** (p. 97). Prenez ensuite une rapide leçon d'histoire en visitant l'intéressant **Cuban Memorial Park** (p. 95), puis allez observer des parties de dominos très disputées au **Máximo Gómez Park** (p. 95).

Déjeunez à **Versailles** (p. 96), apprécié depuis longtemps des expatriés cubains (il faut prendre un bus ou une voiture pour s'y rendre). Après le repas, regagnez le centre de Little Havana (photo de gauche) pour dénicher des souvenirs, des *guayaberas* (chemises cubaines) et des cigares dans les boutiques colorées de Calle Ocho, par exemple **Guantanamera** (p. 98). Passez par **Cubaocho** (p. 98) pour vous renseigner sur les concerts et expositions artistiques à venir.

Dînez assez tôt dans le restaurant secret (à l'intérieur d'une épicerie) **El Nuevo Siglo** (p. 96) puis enchaînez avec quelques mojitos et de la musique live (si vous êtes là au bon moment) au **Ball & Chain** (photo de gauche ; p. 97) – une adresse fiable pour passer une bonne soirée. Autre possibilité : prenez un taxi jusqu'à **Hoy Como Ayer** (p. 98) pour une folle nuit de salsa.

Le meilleur du quartier

Restaurants

Versailles (p. 96)

Doce Provisions (p. 97)

Bars et clubs

Ball & Chain (p. 97)

Cubaocho (p. 98)

Hoy Como Ayer (p. 98)

Boutiques

Little Havana Visitors Center (p. 98)

Comment y aller

Bus Le bus n°8 assure la liaison entre Brickell Station et Little Havana (15 minutes) toutes les 10 à 20 minutes. Sachez que ce bus circule direction ouest dans 7th St et direction est (vers Downtown) dans 8th St.

Vélo Il y a une station de Citi Bike très pratique au croisement entre SW 8th St et 10th Ave.

Nos adresses
Voir p. 95
Se restaurer p. 96
Prendre un verre p. 97
Sortir p. 98
Shopping p. 98
0 500 m
0 0,25 mile
LITTLE HAVANA
CORAL WAY
1 Máximo Gómez Park
2 Cuban Memorial Park
Little Havana Art District
SW 7th St
SW 8th St (Calle Ocho)
Cuban Memorial Blv
SW 10th Street Rd
W Flagler St
SW Flagler Tce
SW 1st St
SW 2nd St
SW 3rd St
SW 4th St
SW 5th St
SW 6th St
SW 9th St
SW 10th St
SW 11th St
SW 11th Tce
SW 12th St
SW 13th St
SW 11th Ave
SW 12th Ave
SW 12th Ct
SW 13th Ave
SW 13th Ct
SW 14th Ave
SW 15th Ave
SW 16th Ave
SW 17th Ave
SW 17th Ct
SW 18th Ave
SW 19th Ave
SW 21st Ave
SW 22nd Ave
968
933
90
41
A
B
C
D
E
1
2
3
4
3
4
5
6
7
8
9
10
11
12
13
14
15
16

FOTOLUMINATE LLC/SHUTTERSTOCK ©

Joueurs de dominos dans le Máximo Gómez Park

Voir

Máximo Gómez Park

PARC

1 Plan p. 94, D3

Le Máximo Gómez Park, ou "Domino Park", cristallise à merveille la Cuba d'antan. Les discussions des vieux immigrés penchés au-dessus d'une partie d'échecs sont ponctuées par le claquement des dominos. Le brouhaha ambiant, l'épaisse fumée des cigares et la fresque représentant un lever de soleil (qui commémore le sommet des Amériques de 1994) font de ce site l'un des plus évocateurs (et l'un des plus touristiques) de Miami. (angle SW 8th St et SW 15th Ave ; 9h-18h)

Cuban Memorial Park

MONUMENT

2 Plan p. 94, D3

Le long de SW 13th Ave, juste au sud de Calle Ocho (SW 8th St), le Cuban Memorial Park abrite plusieurs monuments dédiés aux héros cubains et cubano-américains. Parmi eux, citons la **Torche éternelle en l'honneur de la 2 506e brigade** pour les exilés morts durant le débarquement de la baie des Cochons, un **mémorial à José Martí** et une **statue de la Madone**, censée être éclairée par une aura de lumière tous les après-midi. (SW 13th Ave, entre 8th St et 11th St)

Se restaurer

Versailles

CUBAIN $

3 Plan p. 94, A3

Une institution dans le paysage culinaire cubain de Miami. Goûtez l'excellente soupe de haricots noirs ou le yucca frit avant de passer aux choses sérieuses : viande ou produits de la mer. Une bonne occasion de côtoyer l'élite politique latino de Miami et les anciennes générations de Cubains. (☎305-444-0240 ; www.versaillesrestaurant.com ; 3555 SW 8th St ; plats 6-21 $; 8h-1h lun-jeu, 8h-2h30 ven-sam, 9h-1h dim)

Lung Yai Thai Tapas

THAÏLANDAIS $

4 Plan p. 94, C3

Ce minuscule bijou propose une alléchante cuisine thaïlandaise, signe que les temps ont changé à Little Havana. Aucun risque de se tromper, quel que soit votre choix : les ailes de poulet frites parfaitement épicées, la salade de canard extra tendre ou la star de la carte, le Kaho Soi Gai (délicieuses nouilles au curry). (☎786-334-6262 ; 1731 SW 8th St ; plats 10-15 $; 12h-15h et 17h-minuit)

El Nuevo Siglo

LATINO-AMÉRICAIN $

5 Plan p. 94, D3

Niché dans le supermarché du même nom, El Nuevo Siglo attire les connaisseurs en quête d'une cuisine savoureuse à prix mini, pour lesquels la simplicité du cadre n'a aucune importance. Installez-vous devant le comptoir noir rutilant et régalez-vous de viandes rôties, yucca frit, sandwichs cubains forts en goût, vivaneau grillé accompagné de riz, haricots et bananes plantains et autres plats du jour. (1305 SW 8th St ; plats 8-12 $; 7h-20h)

Viva Mexico

MEXICAIN $

6 Plan p. 94, E2

Remontez 12th Ave, toujours animée, pour dévorer les meilleurs tacos de Little Havana. La vente à emporter se fait depuis une fenêtre ; des dames souriantes mitonnent des tacos divins garnis de steak, tripes, saucisses et autres viandes. Quelques tables sont installées à l'extérieur si vous désirez manger sur place. (☎786-350-6360 ; 502 SW 12th Ave ; tacos 2 $; 11h-21h mar-jeu, 11h-23h ven-sam, 11h-18h dim)

100% Miami

Cinéma de légende

Généralement, on ne se rend pas à Little Havana pour aller voir un film, mais le **Tower Theater** (plan p. 94, D3 ; ☎305-237-2463 ; www.towertheatermiami.com ; 1508 SW 8th St) est un lieu à ne pas manquer. Cet élégant cinéma des années 1920 se targue d'une belle façade Art déco et programme des films indépendants, avant-gardistes et suscitant la réflexion (en anglais avec sous-titrage en espagnol). Une icône du quartier.

San Pocho

COLOMBIEN $

7 Plan p. 94, E3

Occasion d'une escapade en Colombie, le San Pocho propose une carte où la viande est très présente, avec de solides assiettes comme la *bandeja paisa* (steak grillé, riz, haricots, bananes plantains frites, œuf, *arepa* et peau de porc frite). Également du *mondongo* (soupe aux tripes), des *tamales* (papillotes à base de maïs) à la colombienne et des *arepas* (pains de maïs). (☎305-854-5954 ; www.sanpocho.com ; 901 SW 8th St ; plats 9-15 $; 🕒7h-20h lun-jeu, 7h-21h ven-dim)

Azucar

GLACIER $

8 Plan p. 94, D3

Cette adresse, reconnaissable de loin grâce au cône géant sur la façade, est réputée pour ses délicieuses glaces. Quelques suggestions : rhum raisin, *dulce de leche* (confiture de lait), goyave, mangue, cannelle, jaque et basilic citron. (☎305-381-0369 ; www.azucaricecream.com ; 1503 SW 8th St ; glace 4-6 $; 🕒11h-21h lun-mer, 11h-23h jeu-sam, 11h-22h dim)

Doce Provisions

AMÉRICAIN MODERNE $$

9 Plan p. 94, E2

Pour changer des restaurants latinos à l'ancienne, optez pour le Doce Provisions, qui évoque davantage Wynwood que Little Havana. L'intérieur élégant, de style industriel, est un cadre parfait pour déguster des spécialités américaines créatives : macaronis au fromage et aux crevettes, poulet frit et sa gaufre à la banane plantain, burger aux plats-de-côtes et ses frites à la truffe. Également des bières locales microbrassées. (☎786-452-0161 ; www.doceprovisions.com ; 541 SW 12th Ave ; plats 11-25 $; 🕒12h-15h30 et 17h-22h lun-jeu, 12h-15h30 et 17h-23h ven, 12h-23h sam, 11h-21h dim)

Prendre un verre

Ball & Chain

BAR

10 Plan p. 94, C3

En 1935, quand 8th St constituait un secteur juif plutôt que latino, le Ball & Chain était un club de jazz dans lequel Billie Holiday pouvait se produire parfois. Fin de cette période en 1957, mais l'endroit reste dédié à la musique et au bon vivre – aux rythmes latinos et aux cocktails tropicaux, pour être plus précis. (www.ballandchainmiami.com ; 1513 SW 8th Street ; 🕒12h-minuit lun-mer, 12h-3h jeu-sam, 14h-22h dim)

Los Pinareños Frutería

BAR À JUS

11 Plan p. 94, D3

Quand Miami est écrasée par la chaleur, rien n'est plus rafraîchissant qu'un verre de jus glacé (ou un smoothie) dans ce stand de fruits et légumes très populaire. Goûtez le cocktail "abuelo" (jus de sucre de canne, ananas et citron). (1334 SW 8th St ; en-cas et boissons 3-6 $; 🕒7h-18h lun-sam, 7h-15h dim)

Sortir

Cubaocho

SPECTACLE VIVANT

12 ★ Plan p. 94, D3

Joyau du quartier artistique de Little Havana, Cubaocho est réputé pour ses concerts, avec d'excellents groupes hispanophones. C'est aussi un centre communautaire, une galerie d'art et un avant-poste de recherche pour tout ce qui a trait à Cuba. Les murs sont ornés d'œuvres qui évoquent aussi bien le passé classique de l'art cubain que son futur d'avant-garde. (☎305-285-5880 ; www.cubaocho.com ; 1465 SW 8th St ; 🕒11h-22h mar-jeu, 11h-3h ven-sam)

Hoy Como Ayer

MUSIQUE LIVE

13 ★ Plan p. 94, A3

Tous les éléments de la nuit cubaine sont réunis : musique authentique, boiseries modestes, petite piste de danse, mojitos savoureux et clients originaires de La Havane. Arrêtez-vous ici pour écouter du *son* (danse semblable à la salsa, originaire de l'Oriente à Cuba), des boléros (danse espagnole à trois temps) et des rythmes cubains modernes. (☎305-541-2631 ; www.hoycomoayer.us ; 2212 SW 8th St ; 🕒20h30-4h jeu-sam)

Shopping

Guantanamera

CIGARES

14 Plan p. 94, D3

En plein cœur de Little Havana, Guantanamera vend des cigares roulés à la main de grande qualité, ainsi que du café cubain aux arômes puissants. Dans cette boutique authentique, on vient pour fumer, boire un verre (il y a un bar) et discuter. En outre, d'excellents concerts sont organisés plusieurs fois par semaine. Les rocking-chairs à l'avant sont idéalement situés pour observer les passants. (www.guantanameracigars.com ; 1465 SW 8th St ; 🕒10h30-20h dim-jeu, 10h30-minuit ven-sam)

Little Havana Visitors Center

CADEAUX ET SOUVENIRS

15 Plan p. 94, C3

L'une des meilleures boutiques de Little Havana pour trouver des cadeaux. Vous aurez l'embarras du choix : belles chemises hawaïennes aux couleurs éclatantes, chapeaux Panama, T-shirts aux motifs accrocheurs et quantité de souvenirs kitsch à souhait (magnets de réfrigérateur, tasses à café, décapsuleur en forme de drapeau cubain, etc.). Des dégustations de café cubain sont régulièrement proposées. (1610 SW 8th St ; 🕒10h-17h lun-sam, 10h-16h dim)

Havana Collection

VÊTEMENTS

16 Plan p. 94, D3

L'une des plus impressionnantes collections de *guayaberas* (chemises cubaines) traditionnelles de Miami. Les prix sont élevés (comptez environ 85 $ pour une chemise) mais la qualité aussi : vous avez la garantie de conserver votre chemise de longues années. (☎786-717-7474 ; 1421 SW 8th St ; 🕒10h-18h)

Comprendre

La capitale latino de l'hémisphère Nord

Si Miami fait techniquement partie des États-Unis, ses surnoms de "capitale des Amériques" et de "centre du Nouveau Monde" sont désormais célèbres. Cela a son importance dans la stratégie de communication de Miami, en particulier avec les autres régions du pays, où les Latinos constituent désormais la plus importante minorité.

Une migration latino

Le métissage latino-américain de Miami la rend plus cosmopolite que n'importe quelle ville d'Amérique latine. Au début du XXIe siècle, les banlieues ouest de Hialeah et Hialeah Gardens sont les régions américaines où l'espagnol est le plus parlé (par plus de 90% des gens).

Stratégiquement située, Miami a vu arriver les Cubains échappant au régime de Castro dans les années 1960, les Vénézuéliens opposants du président Chávez, les Brésiliens et les Argentins fuyant la crise économique ainsi que les Mexicains et les Guatémaltèques en quête d'un travail.

Les entreprises latinos à Miami

Le goût d'entreprendre des Latinos a fait le reste, entraînant la relance de l'économie locale. Miami constitue le siège américain de beaucoup d'entreprises d'Amérique latine, notamment Telemundo, MTV Networks Latin America et la branche latino d'Universal Music Group.

Les Cubains-Américains et la politique

Les Cubains de Miami influencent fortement la politique locale et internationale. Les groupes d'exilés conservateurs ont souvent été qualifiés d'extrémistes, beaucoup refusant encore de se rendre à Cuba tant que la famille Castro est au pouvoir. Cependant, la nouvelle génération des Yucas (Young Urban Cuban, jeunes Cubains-Américains urbains) est plus encline à étudier les deux facettes de Cuba.

L'influence latino

Aller au restaurant, écouter un concert, surprendre une conversation en espagnol, visiter Little Havana et Little Buenos Aires ou simplement siroter un mojito au bord de la piscine de votre hôtel seront autant d'occasions de sentir à quel point cette influence est tangible, voire omniprésente, et tellement belle.

Explorer

Coconut Grove

Cette ancienne enclave hippie attire aujourd'hui les classes moyennes. Empreint d'une atmosphère de village et jalonné de boutiques et de cafés originaux, ce quartier est agréable à explorer à pied, surtout le soir, quand les habitants investissent les terrasses des bars et des restaurants. Bordé par le front de mer, Coconut Grove se targue d'une belle marina et d'espaces verts plaisants.

L'essentiel en un jour

Évitez la foule en vous rendant très tôt aux **Vizcaya Museum & Gardens** (p. 102), où se trouve l'un des plus beaux édifices de Miami. Flânez tranquillement dans les jardins paisibles dominant le front de mer. Ensuite, gagnez le centre de Coconut Grove pour un petit-déjeuner tardif à l'excellent **GreenStreet Cafe** (p. 110).

Pour éliminer les pancakes aux myrtilles, baladez-vous dans les jardins de **Kampong** (p. 107). Les réservations sont obligatoires mais vous ne regretterez pas ce petit effort d'organisation : le parc est magnifique. Poursuivez par un petit tour dans des boutiques indépendantes comme **Polished Coconut** (p. 111) et dans la galerie marchande **CocoWalk** (p. 111). Prenez le temps de déjeuner au **Spillover** (p. 109), pour déguster une bonne cuisine de bistrot.

Un peu avant le coucher du soleil, rendez-vous sur le ponton du **Monty's Raw Bar** (p. 109). Profitez des offres spéciales de l'happy hour (huîtres à 1 $ par exemple) et restez sur place pour voir l'endroit prendre vie avec l'arrivée des habitués. Pour finir, allez dîner au **Boho** (p. 109), une fabuleuse adresse pour découvrir la cuisine la plus créative de Coconut Grove.

Pour une journée 100% Miami à Coconut Grove, voir p. 104.

Les incontournables

Vizcaya Museum & Gardens (p. 102)

100% Miami

Balade à Coconut Grove (p. 104)

Le meilleur du quartier

Restaurants

Spillover (p. 109)

GreenStreet Cafe (p. 110)

Boho (p. 109)

Bars

Taurus (p. 110)

Tavern in the Grove (p. 111)

Boutiques

CocoWalk (p. 111)

Polished Coconut (p. 111)

Comment y aller

Bus Le bus n°48 part de Brickell Ave au niveau de SE 14th St (à courte distance de marche de la station de Metromover Financial District) et longe S Bayshore Dr jusqu'au cœur de Coconut Grove.

Vélo Il y a plusieurs stations Citi Bike à Coconut Grove, accessible ainsi à vélo depuis d'autres quartiers, en particulier Downtown, à environ 8 km.

Les incontournables
Vizcaya Museum & Gardens

Si Miami est surnommée "la ville magique", alors cette villa italienne a tout d'un véritable château de conte de fées. Perché au-dessus de l'eau, Vizcaya est un lieu fascinant à explorer, avec des salles débordant d'œuvres d'art, un somptueux mobilier ancien et des jardins sublimes.

Plan p. 106, E1

305-250-9133

www.vizcayamuseum.org

3251 S Miami Ave

tarif plein/6-12 ans/étudiant et senior 18/6/12 $

9h30-16h30 mer-lun

Histoire

Au début des années 1900, l'industriel James Deering, qui vivait à Chicago, commença à passer ses hivers en Floride du Sud. Les médecins avaient en effet conseillé au millionnaire, qui souffrait d'anémie, de passer plus de temps sous un climat chaud et ensoleillé. En 1912, il acheta une parcelle de 65 ha au bord de la Biscayne Bay et commença à faire construire une immense villa, qui ne serait achevée que dix ans plus tard. Plus de 1 000 ouvriers participèrent aux travaux.

La maison

Cette villa est un parfait exemple du style Mediterranean Revival de Miami. Sur les 70 salles d'origine, 34 sont dotées de magnifiques œuvres d'art et meubles, dont certains datent du XVe siècle. Tout ici suscite l'émerveillement, des incroyables fresques aux fabuleux vitraux des portes. Deering choisissait ses objets non seulement parce qu'ils étaient beaux et anciens, mais aussi parce qu'ils étaient liés à des personnages et événements historiques.

La plus grande pièce de la demeure est le salon, surnommé "la salle Renaissance" du fait de ses œuvres datant du XIVe au XVIIe siècle. Le tapis de cette pièce fut créé pour le grand-père du roi Ferdinand d'Espagne dans les années 1400.

Les jardins

Sur le côté sud de la villa, les jardins sont aussi impressionnants que l'intérieur de Vizcaya. Conçus sur le modèle des jardins italiens des XVIIe et XVIIIe siècles, ces espaces taillés au millimètre tranchent avec la mangrove sauvage en arrière-plan. Les sculptures, fontaines et éléments couverts de lierre donnent à l'ensemble un caractère antique et la terrasse surélevée (le Garden Mound) offre un beau panorama.

À savoir

- Une fois par mois, Vizcaya organise les "Gardens by Moonlight", avec de la musique live, des visites guidées dans les jardins et une performance d'artiste.
- Venez tôt le matin ou l'après-midi pour profiter de la meilleure lumière pour les photos.
- Si vous voulez en savoir plus sur Vizcaya, louez l'audioguide (5 $), pour 1 heure 30 de détails sur l'histoire de la maison, des jardins et de James Deering.

Une petite faim ?

Le **Vizcaya Cafe** propose des plats préparés à la demande, notamment des salades, *empanadas*, sandwichs au mahi-mahi et burgers. Il n'y a pas d'autres restaurants dans les environs, mais si vous avez une voiture, **El Carajo** (☎305-856-2424 ; www.el-carajo.com ; 2465 SW 17th Ave ; tapas 5-15 $; ⏲12h-22h lun-mer, 12h-23h jeu-sam, 11h-22h dim ; 🅿), à 1,6 km au nord-ouest, est un lieu magique.

100% Miami
Balade à Coconut Grove

Ses rues flanquées d'arbres, ses terrasses de café et ses jolis espaces verts au bord de l'eau confèrent à Coconut Grove une atmosphère de village. Son centre compact est beaucoup plus facile à explorer à pied que bien d'autres quartiers de Miami, ce qui est un gros point fort. Les habitants de Grove vous le diront : flâner parmi les boutiques originales et les bistrots de quartier est la garantie d'un délicieux après-midi ensoleillé.

❶ Peacock Park

Le long du front de mer, ce **parc** (2820 McFarlane Rd) est l'endroit idéal pour venir se défouler grâce à son aire de jeux et ses terrains de sport. Et c'est un superbe point de vue sur la baie.

❷ Glass & Vine

En bordure du Peacock Park, le gros bonus de ce **restaurant** (plan p. 106, C3 ; www.glassandvine.com ; 2820 McFarlane Rd ; plats déj 9-14 $, dîner 17-32 $; 🕒11h30-15h30

et 17h30-22h dim-jeu, 17h30-23h ven-sam) est sa terrasse extérieure. À midi, optez pour un taboulé ou un sandwich aux crevettes ; le soir, goûtez le chou-fleur grillé et les coquilles Saint-Jacques.

❸ Bookstore in the Grove

Cette excellente **librairie** (☎305-483-2855 ; www.thebookstoreandkitchen.com ; 3390 Mary St ; ⏲7h-20h lun-jeu, 7h-21h ven-sam, 8h-20h dim) dispose d'un fabuleux café, avec petit-déjeuner servi toute la journée et même un happy hour.

❹ First Flight Out

Dans la galerie marchande CocoWalk, cette **boutique** (3015 Grand Ave ; www.thefirstflightout.com ; ⏲11h-22h lun-jeu, 11h-23h ven-dim) vend des articles vintage (cartables, T-shirts, couvertures de passeport) orné du logo légendaire de la Pan Am.

❺ Panther Coffee

Le meilleur fournisseur de café de Miami sert des remontants aux arômes corsés, ainsi que des viennoiseries à tomber. C'est un **lieu rêvé** (3407 Main Hwy ; www.panthercoffee.com ; ⏲7h-21h lun-sam, 8h-21h dim ; café 3-6 $) pour se détendre en feuilletant le journal.

❻ Celestial Treasures

Cette **boutique** (☎305-461-21[illegible] ; 3444 Main Hwy ; ⏲11h-20h dim-[illegible], 11h-22h ven-sam) est spécialisée dans tout ce qui touche au spirituel et au métaphysique. Vous y trouverez des livres, cartes et autres articles. Il est même possible de consulter un médium.

❼ Barracuda

Jukebox, billard, fléchettes et TV diffusant du sport : **Barracuda** (☎305-918-9013 ; 3035 Fuller St ; ⏲12h-3h mar-dim, 18h-3h lun) est un troquet sans prétention, ce qui change des boutiques clinquantes du quartier.

❽ Last Carrot

Installé depuis les années 1970, **Last Carrot** (☎305-445-0805 ; 3133 Grand Ave ; ⏲10h30-18h lun-sam, 11h-16h30 dim ; plats 6-8 $) propose des jus de fruits frais, pitas, purées d'avocat, burgers végétariens et tourtes aux épinards, dans un cadre rappelant le Coconut Grove d'antan.

❾ Bianco Gelato

Chouchou du quartier, en particulier chez les plus jeunes, **Bianco** (☎786-717-5315 ; 3137 Commodore Plaza ; glace 3,50-7 $) détient une recette de glace inégalable à base de lait bio et d'ingrédients naturels.

❿ Barnacle Historic State Park

Cette résidence de 2,[illegible] ha date de 189[illegible] et appartenait à Ralph Monroe, considéré comme le premier *snowbird* (riche habitant du Nord-Est venu chercher le soleil en Floride) de Miami. Elle est ouverte pour des visites guidées, tout comme son **parc** (☎305-442-6866 ; www.floridastateparks.org/thebarnacle ; 3485 Main Hwy ; 2 $, visite de la maison adulte/enfant 3/1 $; ⏲9h-17h ven-lun ; 👪). Barnacle accueille également des concerts au clair de lune.

Nos adresses
Les incontournables p. 102
Voir p. 107
Se restaurer p. 108
Prendre un verre p. 110
Sortir p. 111
Shopping p. 111
400 m
0,2 mile
Vizcaya Museum & Gardens
Dinner Key Marina
Biscayne Bay
Peacock Park
Barnacle Historic State Park
Plymouth Congregational Church
S Miami Ave
Darwin St
Charthouse Dr
Pan American Dr
Tiger Tail Ave
SW 27th Ave
S Bayshore Dr
Center St
Mary St
Rice St
Day Ave
Virginia St
Oak Ave
Orange St
McFarlane Rd
Matilda St
Fuller St
Gifford La
Commodore Plaza
Florida Ave
Via Abitare Way
Munroe Dr
Franklin Ave
McDonald St
SW 32nd Ave
Indiana St
Margaret St
Ohio St
Frow Ave
Grand Ave
Thomas Ave
William Ave
Charles Ave
Main Hwy
Royal Rd

PISAPHOTOGRAPHY/SHUTTERSTOCK ©

Ermita de la Caridad (p. 108)

Voir

Kampong

JARDINS

1 Plan p. 106, A4

David Fairchild, le fondateur du Fairchild Tropical Garden, se reposait au Kampong (qui signifie "village" en indonésien/malais) entre ses voyages à la recherche de plantes se distinguant par leur beauté et leur intérêt économique. Aujourd'hui, ces jardins luxuriants sont inscrits au Registre américain des sites historiques et servent de salle de classe au National Topical Botanical Garden. Réservation obligatoire pour les visites gratuites en autonomie (prévoyez au moins 1 heure) ou pour les visites guidées (1 heure, 20 $). (☎305-442-7169 ; 4013 Douglas Rd ; adulte/enfant 15/5 $; visites sur rdv 10h-15h lun-sam)

Coconut Grove Library

ÉDIFICE HISTORIQUE

5 Plan p. 106, C3

Achevée en 1963 et rendant hommage à la *library* d'origine érigée ici en 1901, cette bibliothèque est très photogénique avec ses murs en calcaire oolithique et son toit pentu. L'intérieur abrite une collection consacrée à la Floride du Sud, assez limitée mais bien sélectionnée. (2875 McFarlane Rd ; 10h-18h lun, mer, jeu et sam, 10h-20h mar, fermé ven et dim)

Tombe d'Eva Munroe

ÉDIFICE HISTORIQUE

3 Plan p. 106, C3

Dans un petit espace clos à côté de la Coconut Grove Library, vous découvrirez la modeste pierre tombale d'Eva Amelia Hewitt Munroe (1856-1882). C'est la plus ancienne tombe américaine du comté de Miami-Dade.

L'époux d'Eva, Ralph Munroe, sombra dans une grave dépression qu'il tenta de combattre en construisant le Barnacle, désormais l'une des plus anciennes villas historiques du quartier. (2875 McFarlane Rd)

Plymouth Congregational Church

ÉGLISE

4 Plan p. 106, A4

Datant de 1917, cette église est l'un des plus beaux exemples du style mission espagnole, dans une ville qui ne manque pas d'édifices de ce genre. Elle est tout à fait épatante, depuis la solide maçonnerie en calcaire à corail jusqu'à la porte sculptée provenant d'un monastère des Pyrénées. L'église est rarement ouverte, mais tout le monde est bienvenu pour écouter l'orgue et le chœur lors de la messe du dimanche à 10h. (☎305-444-6521 ; www.plymouthmiami.org ; 3400 Devon Rd ; ⌚horaires variables ; P)

Ermita de la Caridad

MONUMENT

5 Plan p. 106, E1

Le diocèse catholique a acheté cette parcelle appartenant à la villa Vizcaya de Deering et a construit ce sanctuaire sur le rivage pour ses paroissiens cubains exilés. Symbolisant un phare, il se dresse face à la mère patrie, qui se trouve à exactement 466 km au sud. Par ailleurs, une fresque dépeint l'histoire cubaine. À l'extérieur de l'église, une bande d'herbe au bord de l'eau invite à un pique-nique. (☎305-854-2404 ; www.ermitadelacaridad.org ; 3609 S Miami Av)

Se restaurer

LoKal

AMÉRICAIN $

6 Plan p. 106, B3

Ce petit établissement possède deux points forts : sa bière artisanale et ses burgers. Ces derniers se déclinent sous différentes variantes, toutes à base de bœuf de qualité (sauf dans la version végétarienne, à l'avoine et au riz brun).

> À savoir
>
> **Coconut Grove à vélo**
>
> Si vous n'avez pas de voiture, Citi Bike peut être une bonne manière d'aller de Coconut Grove aux Vizcaya Museum & Gardens, le site le plus important du secteur. Il vous suffira de longer Bayshore Dr côté front de mer (vous devrez parfois emprunter le trottoir). En chemin, vous pourrez admirer des marinas et des parcs verdoyants au bord de l'eau ; vous pourrez même faire un détour par l'Ermita de la Caridad.

Si vous avez du mal à vous décider, optez pour le *frita*, avec sauce à la goyave, gruyère fondu et bacon croustillant. (☎305-442-3377 ; 3190 Commodore Plaza ; burgers 14-16 $; ⌚12h-22h dim-mar, 12h-23h mer-sam ; ❄🍸👶)

Spillover AMÉRICAIN MODERNE $$

7 Plan p. 106, C2

Lové dans une rue piétonne près du CocoWalk, le Spillover mise sur des produits de la mer pêchés localement, des plats de bistrot imaginatifs et un cadre vintage réussi (tabourets en fonte et portes recyclées autour du bar, bretelles pour les serveurs et jazz en fond sonore). À vous les gâteaux au crabe, tacos aux crevettes, *fish and chips* et sandwich Reuben au homard. (☎305-456-5723 ; www.spillovermiami.com ; 2911 Grand Ave ; plats 13-25 $; ⌚11h30-22h dim-mar, 11h30-23h mer-sam ; 📶🍸)

Boho MÉDITERRANÉEN $$

8 Plan p. 106, B3

Ce charmant restaurant grec contribue à la renaissance culinaire de Coconut Grove, grâce à de fantastiques plats méditerranéens, notamment du poulpe mariné, du risotto crémeux, des pizzas à la pâte fine arrosées d'huile de truffe et des salades de quinoa et betterave parfaitement assaisonnées. Le papier peint "jungle", les baies vitrées et l'atmosphère décontractée incitent à prolonger le repas. (☎305-549-8614 ; 3433 Main Hwy ; plats 19-26 $, pizzas 12-17 $; ⌚12h-23h lun-ven, 10h-23h sam-dim)

Monty's Raw Bar PRODUITS DE LA MER $$

9 Plan p. 106, E1

Perché au-dessus de l'eau, ce restaurant décontracté de la marina de Dinner Key combine d'excellents fruits de mer et une vue époustouflante sur la baie. Monty's est réputé pour ses pinces de crabe caillou noir, mais le choix est large, des beignets de conque aux côtelettes grillées. Venez pendant l'happy hour (16h-20h) pour des huîtres à 1 $ et des boissons spéciales. (☎305-856-3992 ; www.montysrawbar.com ; 2550 S Bayshore Dr ; plats 13-25 $; ⌚11h30-23h30 dim-jeu, 11h30-1h ven-sam)

Glass & Vine AMÉRICAIN MODERNE $$

10 Plan p. 106, C3

Difficile d'égaler le sublime cadre extérieur de ce restaurant en bordure de Peacock Park. Il est en particulier prisé des amateurs de vin, avec une carte longue comme le bras. Excellent brunch le week-end. (www.glassandvine.com ; 2820 McFarlane Rd ; plats déj 9-14 $, dîner 17-32 $; ⌚11h30-15h30 et 17h30-22h dim-jeu, jusqu'à 23h ven-sam)

Bombay Darbar INDIEN $$

11 Plan p. 106, C2

Difficile de trouver de la cuisine indienne à Miami, où les saveurs latinos sont reines. C'est encore plus vrai à Coconut Grove, ce qui fait de Bombay Darbar un trésor culinaire. Tenue par un couple originaire de Bombay, cette adresse haut de gamme mais conviviale déroule un parcours sans faute, avec de succulents tandooris et tikkas, à accompagner de naans épicés et de samosas divins. (305-444-7272 ; 2901 Florida Ave ; plats 15-23 $; 12h-15h jeu-dim, 18h-22h mer-lun, fermé mar ;)

Lulu

AMÉRICAIN MODERNE $$

12 Plan p. 106, B3

Lulu est le représentant à Coconut Grove d'une cuisine utilisant des ingrédients bio produits localement. Les plats de bistrot préparés avec soin sont servis sur une jolie terrasse. Vous pourrez faire un repas complet en combinant de savoureuses entrées comme les dattes rôties, le houmous toscan ou le tartare de thon jaune, ou choisir un plat plus copieux comme les tacos au porc cuit à l'étouffée ou les saint-jacques poêlées. (305-447-5858 ; 3105 Commodore Plaza ; plats déj 12-19 $, dîner 15-29 $; 11h30-22h30 dim-jeu, 11h30-23h30 ven-sam ;)

GreenStreet Cafe

AMÉRICAIN $$

13 Plan p. 106, B3

Le GreenStreet fait partie des établissements avec terrasse les plus courus, et les jeunes du quartier aiment s'y retrouver au coucher du soleil. Côté cuisine, la qualité est au rendez-vous également : lasagnes aux légumes rôtis et fromage de chèvre, salades d'endives et de mesclun, mahi-mahi grillé et plat-de-côtes braisé à la polenta. (305-567-0662 ; www.greenstreetcafe.net ; 3468 Main Hwy ; plats 15-29 $; 7h30-1h dim-mar, 7h30-3h mer-sam)

Jaguar

LATINO-AMÉRICAIN $$

14 Plan p. 106, B2

La carte annonce toutes les spécialités latinos, mais on vient avant tout pour le "bar à ceviche". L'idée : créer soi-même son mélange à partir de six sortes de ceviche (poisson et fruits de mer crus et marinés), du thon au gingembre à la *corvina* (courbine) au jus de citron vert. Un principe original et amusant, d'autant que les divers ceviches sont exquis. (305-444-0216 ; www.jaguarhg.com ; 3067 Grand Ave ; plats déj 15 $, dîner 22-33 $; 11h30-23h lun-sam, 11h-22h dim)

> 100% Miami
>
> **Art et musique**
>
> Si vous êtes à Miami le premier samedi du mois, ne manquez pas la Fashion + Art + Music (FAM) Night (18h-21h oct-avr). Le temps d'une soirée, Grand Ave et Main Hwy sont en effervescence, avec des concerts et des événements spéciaux organisés dans les galeries et les boutiques.

Prendre un verre

Taurus

BAR

15 Plan p. 106, B3

Le plus vieux bar de Coconut Grove est un agréable mélange de boiseries et de fauteuils en cuir, dans lesquels on s'installe pour faire son choix parmi la centaine de bières disponibles et pour profiter de la convivialité des lieux. L'un des meilleurs bars de quartier de Miami. (305-529-6523 ; 3540 Main Hwy ; 16h-3h lun-ven, 13h-3h sam-dim)

Tavern in the Grove BAR

16 Plan p. 106, B2

Dire que cette adresse est très prisée des étudiants de l'université de Miami est un doux euphémisme. En semaine, le Tavern est davantage fréquenté par les habitants du quartier. (☎305-447-3884 ; 3416 Main Hwy ; ⏲15h-3h lun-sam, 12h-3h dim)

Sortir

Cinépolis Coconut Grove CINÉMA

17 Plan p. 106, B2

Au dernier étage du centre commercial CocoWalk, ce cinéma de 4 salles répond à toutes les exigences : projection numérique Sony 4K, fauteuils très confortables et excellent coin bar où l'on peut même acheter de la bière et du vin. À l'affiche, surtout des grosses productions d'Hollywood mais parfois des films indépendants et étrangers. (☎305-446-6843 ; www.cinepolisusa.com/coconut-grove ; 3015 Grand Ave)

Shopping

Polished Coconut MODE ET ACCESSOIRES

18 Plan p. 106, B3

Dans cette merveilleuse boutique en plein cœur de Coconut Grove, des tissus colorés d'Amérique du Sud et centrale sont transformés en jolis accessoires et articles de décoration. Les sacs à main, cartables, ceintures, chapeaux, coussins, couvre-lits et chemins de table sont confectionnés par des artisans qui s'inspirent de motifs amérindiens traditionnels. (3444 Main Hwy ; ⏲11h-18h lun-sam, 12h-17h dim)

CAROL M. HIGHSMITH/BUYENLARGE/GETTY IMAGES ©

CocoWalk

CocoWalk GALERIE MARCHANDE

19 Plan p. 106, B2

Beaucoup affirment que CocoWalk serait à l'origine de la renaissance de Coconut Grove dans les années 1990. Pourtant il ne s'agit que d'une galerie marchande rassemblant des magasins de chaînes classiques. Rien d'exceptionnel, mais l'ensemble est bien conçu, avec quelques restaurants agrémentés de terrasses et de palmiers, et un cinéma au dernier étage. (3015 Grand Ave ; ⏲10h-21h dim-jeu, 10h-23h ven-sam)

Coral Gables

Coral Gables, avec ses nombreux édifices de style méditerranéen, semble à des années-lumière du reste de Miami. Ici, vous aurez l'impression d'être dans un village : les jolies rues bordées de banians sont jalonnées de boutiques, cafés et restaurants, et l'on se déplace facilement à pied. Sans compter le magnifique Biltmore Hotel, un jardin tropical luxuriant et l'une des plus belles piscines du pays.

L'essentiel en un jour

Faites le plein d'énergie avec un excellent café et un petit-déjeuner imaginatif au **Threefold** (p. 122), très prisé des habitants. Passez le reste de la matinée au milieu des papillons et des plantes tropicales de l'immense **Fairchild Tropical Garden** (p. 114).

Vers midi, regagnez le centre de Coral Gables pour un fabuleux repas bistronomique au **Frenchie's Diner** (p. 122). S'il fait chaud, poursuivez par un plongeon dans la **Venetian Pool** (p. 120), une piscine époustouflante. Ensuite, longez les splendides boutiques de Miracle Mile ; si vous avez besoin d'un remontant, prenez un café à **Books & Books** (p. 125).

Quand le soleil commence à décliner, rendez-vous au **Biltmore Hotel** (p. 116) : c'est dans la lumière de la fin d'après-midi qu'il est le plus beau. N'hésitez pas à commander un en-cas au joli restaurant au bord de la piscine. Pour cette soirée spéciale, régalez-vous d'appétissantes tapas et de vin espagnol Rioja au **Bulla Gastrobar** (p. 122). Terminez en beauté à **The Bar** (p. 124), un bistrot voisin attirant toutes les catégories de population de Coral Gables.

Les incontournables

Fairchild Tropical Garden (p. 114)

Biltmore Hotel (p. 116)

Le meilleur du quartier

Restaurants

Threefold (p. 122)

Bulla Gastrobar (p. 122)

Frenchie's Diner (p. 122)

Théâtres et cinémas

GableStage (p. 124)

Coral Gables Art Cinema (p. 124)

Actors Playhouse (p. 124)

Boutiques

Retro City Collectibles (p. 125)

Village of Merrick Park (p. 125)

Comment y aller

Bus Le trolley Coral Way circule gratuitement entre Downtown Miami et le cœur de Coral Gables ; il arrive au croisement entre Ponce de Leon Blvd et Coral Way (SW 22nd St).

Voiture Il est assez facile de venir jusqu'ici, via SW 3rd Ave puis SW 22nd St. Il y a beaucoup de places de stationnement partout à Coral Gables, mais quasiment toutes sont associées à un parcmètre (jusqu'à minuit).

Les incontournables
Fairchild Tropical Garden

Le Fairchild est l'un des plus beaux jardins botaniques tropicaux des États-Unis. Un bosquet à papillons, une serre tropicale et des panoramas sur les marécages et les îles, ainsi que de nombreuses installations d'artistes tels que Roy Lichtenstein : tout contribue à la beauté de cette paisible propriété de 42 ha.

Plan p. 118, G5

305-667-1651

www.fairchildgarden.org

10901 Old Cutler Rd

tarif plein/enfant/senior 25/12/18 $

9h30-16h30

P

Création du jardin

En 1936, l'homme d'affaires Robert Montgomery créa le jardin botanique. Il lui donna le nom de son ami, l'explorateur et scientifique David Fairchild, célèbre pour ses voyages en quête de végétaux pouvant être utiles à la population américaine. Fairchild légua d'ailleurs plusieurs plantes au jardin, dont le grand baobab africain qui se dresse à côté de la maison du gardien.

Wings of the Tropics

L'exposition *Wings of the Tropics* (Ailes des Tropiques) fait le bonheur des enfants. Dans une galerie, des centaines de papillons volent librement : on en dénombre quelque 40 espèces, dont des variétés exotiques d'Amérique du Sud et centrale.

Ne manquez pas le Vollmer Metamorphosis Lab, dans lequel vous pourrez voir des papillons émerger de chrysalides, en temps réel. Les papillons sont ensuite lâchés dans la galerie.

Serre des plantes tropicales

Se balader dans la serre des plantes tropicales ou dans celle des plantes rares s'apparente à un voyage dans le passé. Il y a beaucoup à voir : philodendrons rares, orchidées, bégonias, palmiers rares, rhododendrons, fougères et mousses. Outre les plantes, vous apprécierez le chemin en calcaire oolithique, truffé de fossiles et d'anciennes créatures marines.

Forêt pluviale Richard H. Simons

Bien que petite (1 ha), cette forêt pluviale offre un avant-goût des tropiques, avec un ruisseau et des cascades au milieu des orchidées, ainsi que d'immenses arbres couverts de lianes et d'épiphytes poussant dans la canopée. Cette forêt fut plantée en 2000 pour rappeler l'incroyable biodiversité de ces zones menacées.

À savoir

- Commencez la visite par le circuit commenté en tram (gratuit, 45 min). Ensuite, prenez le temps de revenir aux endroits qui ont le plus retenu votre attention.
- Organisez-vous pour assister à un lâcher de papillons dans l'exposition *Wings of the Tropics*. Ils ont lieu en milieu de matinée et en milieu d'après-midi.
- Pour plus de calme, venez en semaine : il y a beaucoup moins de monde.

Une petite faim ?

Surplombant le Pandanus Lake, le **Lakeside Café** sert des sandwichs, des salades et des desserts dans un cadre agréable, en plein air. Autre possibilité, le **Glasshouse Café** propose des salades, des sandwichs chauds et des en-cas, près de l'exposition *Wings of the Tropics*. Il est aussi possible de pique-niquer sur place.

Les incontournables
Biltmore Hotel

Érigé dans le quartier le plus opulent d'une des villes les plus tape-à-l'œil du monde, le Biltmore Hotel arbore une beauté classique sur laquelle le temps ne semble pas avoir d'emprise. Face à son architecture de style méditerranéen, à ses intérieurs époustouflants et à ses luxuriants jardins tropicaux, les visiteurs ont l'impression d'être ramenés dans le passé.

Plan p. 118, C4

855-311-6903

www.biltmorehotel.com

1200 Anastasia Ave

visites 13h30 et 14h30 dim

P

La propriété

Ce luxueux hôtel couvre 75 ha et comprend des jardins tropicaux, des courts de tennis, une piscine et un golf de 18 trous. On y trouve aussi un salon de beauté et bien-être, un spa somptueux, un espace fitness de 10 000 m² et de nombreux restaurants. L'hôtel dispose même de son propre théâtre intimiste, où sont jouées des productions de GableStage.

L'architecture

L'architecture extravagante frappe bien avant d'arriver sur les lieux. En effet, il est impossible de rater l'immense tour centrale, conçue d'après la Giralda de Séville (XIIe siècle). Le faste continue à l'intérieur avec un hall d'entrée à colonnade agrémenté d'un plafond peint à la main, de lustres anciens sophistiqués et de colonnes corinthiennes, et une cour magnifiquement végétalisée et organisée autour d'une fontaine glougloutante. La sublime piscine est l'une des plus grandes du pays et évoque le bassin d'un sultan des *Mille et Une Nuits*.

Une histoire légendaire

Le promoteur immobilier George Merrick, qui créa Coral Gables (ainsi que l'université de Miami) dans les années 1920, s'associa à l'hôtelier John McEntee Bowman pour concevoir l'un des plus prestigieux hôtels de Floride. L'édifice fut inauguré à grand bruit en 1926, et devint rapidement l'une des icônes des années folles. Le président Franklin Roosevelt, le duc et la duchesse de Windsor et de nombreuses stars d'Hollywood, notamment Judy Garland et Bing Crosby, y séjournèrent, tout comme des membres de la mafia, de temps à autre. Al Capone passa par là, et Thomas "Fatty" Walsh fut assassiné par un autre gangster au 12e étage. Selon certains, son fantôme déambule encore dans les couloirs.

☑ À savoir

- L'hôtel organise une visite guidée de la propriété (gratuit, 45 min) le dimanche à 13h30 et 14h30.
- Les visiteurs peuvent utiliser la piscine et le centre de fitness en achetant un pass journalier (35 $).
- Venez le matin ou l'après-midi, quand la façade scintille sous la lumière dorée.
- Réservez vos billets pour le théâtre via www.gablestage.org.

Une petite faim ?

Déjeunez ou prenez un verre durant l'happy hour à la terrasse du **Cascade Poolside Restaurant** (plats 15-22 $; 11h30-21h lun-ven, 8h-21h sam-dim ;). Si vous souhaitez plus de raffinement, misez sur le **Fontana** (plats déj 16-33 $, dîner 22-42 $; 7h30-15h et 17h-22h30 lun-sam, 7h-10h et 18h-22h30 dim), pour un repas italien dans une cour sublime.

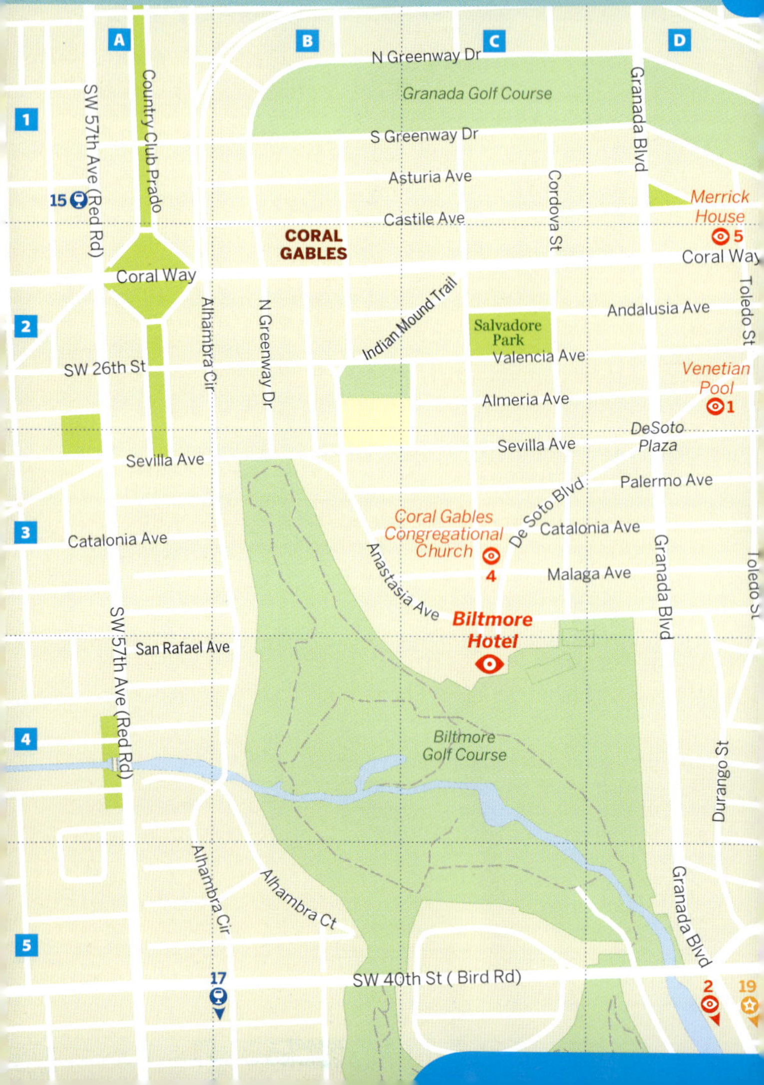
A
B
C
D
1
2
3
4
5
N Greenway Dr
Granada Golf Course
S Greenway Dr
Asturia Ave
Castile Ave
CORAL GABLES
Coral Way
Country Club Prado
SW 57th Ave (Red Rd)
15
Granada Blvd
Cordova St
Merrick House
5
Coral Way
Toledo St
Andalusia Ave
Indian Mound Trail
Salvadore Park
Valencia Ave
Alhambra Cir
N Greenway Dr
SW 26th St
Venetian Pool
1
Almeria Ave
DeSoto Plaza
Sevilla Ave
Sevilla Ave
Palermo Ave
De Soto Blvd
Coral Gables Congregational Church
4
Catalonia Ave
Catalonia Ave
Malaga Ave
Anastasia Ave
Biltmore Hotel
Granada Blvd
Toledo St
San Rafael Ave
SW 57th Ave (Red Rd)
Biltmore Golf Course
Durango St
Alhambra Cir
Alhambra Ct
Granada Blvd
SW 40th St (Bird Rd)
17
2
19

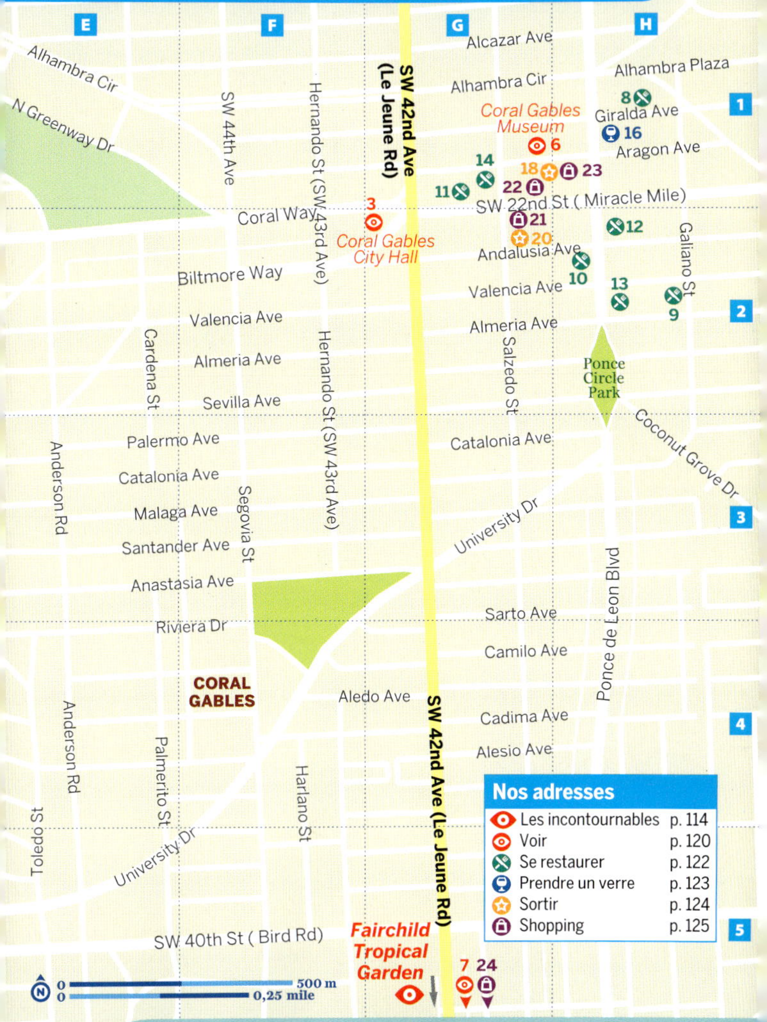
E
F
G
H
1
2
3
4
5
Alhambra Cir
N Greenway Dr
SW 44th Ave
Hernando St (SW 43rd Ave)
SW 42nd Ave (Le Jeune Rd)
Alcazar Ave
Alhambra Cir
Alhambra Plaza
Coral Gables Museum
Giralda Ave
Aragon Ave
SW 22nd St (Miracle Mile)
Coral Way
Coral Gables City Hall
Andalusia Ave
Biltmore Way
Valencia Ave
Almeria Ave
Cardena St
Salzedo St
Galiano St
Ponce Circle Park
Sevilla Ave
Palermo Ave
Catalonia Ave
Coconut Grove Dr
Anderson Rd
Malaga Ave
Segovia St
University Dr
Santander Ave
Anastasia Ave
Ponce de Leon Blvd
Sarto Ave
Riviera Dr
Camilo Ave
CORAL GABLES
Aledo Ave
Cadima Ave
Alesio Ave
Palmerito St
Harlano St
Toledo St
SW 40th St (Bird Rd)
Fairchild Tropical Garden
0 500 m
0 0,25 mile
Nos adresses
Les incontournables p. 114
Voir p. 120
Se restaurer p. 122
Prendre un verre p. 123
Sortir p. 124
Shopping p. 125

Voir

Venetian Pool
PISCINE

1 Plan p. 118, D2

En 1923, des tonnes de pierre avaient été extraites pour construire l'un des plus beaux quartiers de Miami. Il en resta un trou béant. On décida alors de le remplir d'eau et d'habiller le tout de mosaïques pour en faire une aire de jeux aquatiques digne d'un empereur romain. (305-460-5306 ; www.coralgablesvenetianpool.com ; 2701 De Soto Blvd ; adulte/enfant sept-mai 15/10 $, juin-août 20/15 $; 11h-17h30 mar-ven, 10h-16h30 sam-dim, fermé déc-fév ;)

Lowe Art Museum
MUSÉE

2 Plan p. 118, D5

Situé sur le campus de l'université de Miami, le Lowe saura combler les penchants artistiques les plus divers, pour l'art et l'archéologie des civilisations d'Asie, d'Afrique et du Pacifique Sud à l'art moderne et contemporain, sans oublier l'art précolombien et méso-américain. (305-284-3535 ; 1301 Stanford Dr ; tarif plein/étudiant/enfant 13/8 $/gratuit ; 10h-16h mar-sam, 12h-16h dim)

À savoir

Stratégies de voyage

Les principaux sites de Coral Gables sont situés en dehors du centre et sont difficilement accessibles sans voiture. Certes il est possible de les voir quasiment tous en une longue journée, mais l'expérience sera plus plaisante en passant la nuit à Coral Gables et en adoptant un rythme plus tranquille.

Coral Gables City Hall
ÉDIFICE HISTORIQUE

3 Plan p. 118, G2

Cet imposant hôtel de ville, qui accueille les conseils municipaux depuis 1928, est impressionnant quel que soit l'angle de vue. Observez la représentation des *Quatre Saisons* de Denman Fink sur le plafond de la tour, ainsi que sa peinture qui représente le monde sous-marin, au 1er étage. (405 Biltmore Way ; 8h-17h lun-ven)

Coral Gables Congregational Church
ÉGLISE

4 Plan p. 118, C3

Le père du promoteur George Merrick était un ministre congrégationaliste (mouvement chrétien calviniste) originaire de la Nouvelle-Angleterre, ce qui l'encouragea peut-être à faire don d'une parcelle pour élever la première église de la ville. Construit en 1924 et réplique d'une église costaricaine, cet édifice aux murs jaunes et au toit rouge n'a rien en commun avec la Nouvelle-Angleterre, ni avec Miami. L'intérieur est orné d'un beau sanctuaire et les jardins sont plantés de palmiers majestueux. (305-448-7421 ; www.gablesucc.org ; 3010 De Soto Blvd ; horaires variables)

MARCO BORGHINI/SHUTTERSTOCK ©

Venetian Pool

Merrick House

ÉDIFICE HISTORIQUE

5 Plan p. 118, D2

Jadis, cette humble maison à l'allure un rien méditerranéenne était au cœur de ce qui allait devenir le quartier clinquant de Gables. Lorsque le père de George Merrick acheta cette parcelle, sans l'avoir vue, pour 1 100 $, tout n'était que poussière, pierre et goyaviers. La propriété accueille désormais des réunions et des réceptions, et vous pourrez visiter la maison et son adorable jardin biologique. La modeste propriété familiale, restaurée telle qu'elle était en 1925, est agrémentée de photos de famille, de meubles et d'œuvres d'art. (305-460-5361 ; 907 Coral Way ; adulte/enfant/senior 5/1/3 $)

Coral Gables Museum

MUSÉE

6 Plan p. 118, G1

Ce musée est une bonne introduction à l'histoire loufoque de la fondation et de l'expansion de la "City Beautiful" (Coral Gables). La collection comprend des objets historiques et des témoignages des générations qui ont vécu dans ce petit village excentrique et soudé. Le bâtiment principal servait de caserne des pompiers et d'hôtel de police. Son architecture est un mélange entre le style Mediterranean Revival de Gables et le style années 1930 plus musclé que l'on retrouve à Miami Beach. (305-603-8067 ; www.coralgablesmuseum.org ; 285 Aragon Ave ; tarif plein/enfant/

étudiant 10/3/8 $; 12h-18h mar-ven, 11h-17h sam, 12h-17h dim)

Matheson Hammock Park PARC

7 Plan p. 118, G5

Juste au sud de Coral Gables, ce parc de 315 ha est le plus ancien de la ville et l'un des plus beaux. Les enfants pourront se baigner dans le bassin d'eau de mer clos. Le parc abrite, dans ses marécages de mangrove épaisse, de rares alligators. (305-665-5475 ; www.miamidade.gov/parks/matheson-hammock.asp ; 9610 Old Cutler Rd ; semaine/week-end 5/7 $ par voiture ; lever-coucher du soleil ; P)

Se restaurer

Threefold CAFÉ $$

8 Plan p. 118, H1

Le café le plus connu de Coral Gables est un établissement australien charmant et animé, où l'on peut déguster un expresso serré, un bon café crème, un petit-déjeuner ou un déjeuner : des gaufres et de la compote de fruits rouges, un toast à la purée d'avocat et à la feta ou du gigot d'agneau rôti et des œufs frits. (305-704-8007 ; 141 Giralda Ave ; plats 13-19 $; 8h-16h30 ;)

Frenchie's Diner FRANÇAIS $$

9 Plan p. 118, H2

Niché dans une rue secondaire, ce restaurant ressemble à un *diner* américain à l'ancienne, avec un sol en damier noir et blanc, un menu annoncé sur un grand tableau noir et une kyrielle de lithographies anciennes et de miroirs aux murs. Dans l'assiette en revanche, on découvre des classiques de bistrot français. (305-442-4554 ; www.frenchiesdiner.com ; 2618 Galiano St ; plats déj 14-24 $, dîner 24-34 $; 11h-15h et 18h-22h mar-sam)

Bulla Gastrobar ESPAGNOL $$

10 Plan p. 118, H2

Avec sa clientèle festive se régalant de délicieuses tapas dans un joyeux brouhaha, cet établissement donne l'impression d'être dans un bar madrilène. *Patatas bravas* (pommes de terre et sauce épicée), *huevos* "bulla" (œufs, jambon serrano et huile de truffe) et croquettes au jambon ibérique attirent les gourmands. (305-441-0107 ; www.bullagastrobar.com ; 2500 Ponce de Leon Blvd ; petites assiettes 7-19 $; 12h-22h dim-jeu, 12h-minuit ven-sam ;)

Seasons 52 FUSION $$

11 Plan p. 118, G1

Ce restaurant propose une carte partiellement renouvelée chaque semaine en fonction des produits de la saison. Au menu par exemple : pâte à pizza tiède surmontée de steak et de fromage fondu ou pâtes au piment et aux langoustines sautées, à la fois raffinées et nourrissantes. (305-442-8552 ; www.seasons52.com ; 321 Miracle Mile ; plats 18-31 $; 11h30-23h lun-jeu, 11h30-minuit ven-sam, 11h30-22h dim ;)

Swine

SUD $$$

12 Plan p. 118, H2

Dans cet établissement raffiné, proche de Miracle Mile, on marie la poitrine fumée rustique à de savants cocktails. La décoration rappelle fortement Brooklyn : murs de brique apparente, cascade d'ampoules en guise de luminaires et éléments en bois de récupération. (786-360-6433 ; 2415 Ponce de Leon Blvd ; plats 20-38 $, assiettes à partager 10-25 $; 10h-22h dim-jeu, 10h-minuit ven-sam)

Pascal's on Ponce

FRANÇAIS $$$

13 Plan p. 118, H2

Ici, on ne se trompe pas de cible : coquilles Saint-Jacques et côtes de bœuf, confit de canard et sa fricassée de champignons sauvages et autres spécialités françaises donnent le ton dans cet élégant restaurant, point de rendez-vous des gourmets de Gables qui apprécient ces standards intemporels. (305-444-2024 ; www.pascalmiami.com ; 2611 Ponce de Leon Blvd ; plats déj 22-31 $, dîner 31-45 $; 11h30-14h30 lun-ven, 18h-22h lun-jeu, jusqu'à 23h ven-sam)

Caffe Abbracci

ITALIEN $$$

14 Plan p. 118, G1

La recette pour un instant de rêve à Coral Gables : vous, l'élu(e) de votre cœur, une chaude soirée, une table à la terrasse de l'Abbracci (l'un des meilleurs restaurants italiens de Gables), des pâtes savoureuses et un verre de vin rouge. (305-441-0700 ; www.caffeabbracci.com ; 318 Aragon Ave ; plats 19-45 $; 11h30-15h30 lun-ven, 18h-23h tlj)

100% Miami

Cuisine japonaise

Matsuri (plan p. 118, A5 ; 305-663-1615 ; 5759 Bird Rd ; plats 12-19 $, formule midi 10 $; 11h30-14h30 mar-ven, 17h30-22h30 mar-sam). Niché dans un centre commercial insignifiant, ce restaurant ne désemplit pas. La clientèle, presque exclusivement japonaise, se soucie peu du cadre et vient retrouver les saveurs du pays. Cependant, beaucoup sont des Japonais d'Amérique du Sud qui commandent leurs *unagi* (anguilles) en espagnol. *Toro* (thon épicé) et ciboule, maquereaux grillés au sel et un océan de poissons crus tous plus *oishii* (délicieux) les uns que les autres.

Prendre un verre

Seven Seas

BAR

15 Plan p. 118, A1

Le Seven Seas est un authentique bar de quartier, décoré comme un parc à thème nautique et rempli d'une population bigarrée d'étudiants, de travailleurs cubains, de gays et d'hétéros, venus d'un peu partout. C'est ici que l'on trouve les meilleures soirées karaoké de Miami (mardi, jeudi et samedi) ainsi que des soirées quizz (lundi). (305-266-6071 ; 2200 SW 57th Ave ; 12h-1h dim-mer, 10h-2h jeu-sam)

The Bar
BAR

16 Plan p. 118, H1

Sans doute le meilleur bar de Gables. Tout est dans le nom : une simplicité étonnante dans un quartier où l'apparence revêt une importance exagérée. Si vous êtes dans le coin un vendredi, ne ratez pas l'happy hour (17h-20h) : les jeunes cadres des environs retirent alors leur cravate et entament une nuit de folie. (305-442-2730 ; www.gablesthebar.com ; 172 Giralda Ave ; 11h30-3h)

Titanic Brewing Company
MICROBRASSERIE

17 Plan p. 118, B5

Bar-grill américain des plus classiques, l'endroit est très apprécié des étudiants de l'université de Miami. Les bières de la maison sont très désaltérantes, en particulier la White Star IPA. Bonne cuisine de bar, notamment des ailes de poulet sauce piquante et des beignets de maïs et écrevisse. (305-668-1742 ; www.titanicbrewery.com ; 5813 Ponce de Leon Blvd ; 11h30-1h dim-jeu, 11h30-2h ven-sam)

Sortir

Coral Gables Art Cinema
CINÉMA

18 Plan p. 118, G1

En plein cœur du centre-ville de Coral Gables, vous découvrirez l'un des meilleurs cinémas d'art et essai de Miami. Dans la salle moderne de 144 places, on peut voir des films indépendants et étrangers. Certains samedis soir à minuit, des grands classiques sont projetés dans leur format original 35 mm, dans le cadre du programme After Hours. (786-385-9689 ; www.gablescinema.com ; 260 Aragon Ave)

GableStage
THÉÂTRE

Fondée sous le nom de Florida Shakespeare Theatre en 1979 et désormais hébergée au Biltmore Hotel (p. 116) à Coral Gables, cette compagnie continue de jouer une pièce de Shakespeare de temps à autre, mais présente surtout des œuvres classiques et contemporaines. (305-445-1119 ; www.gablestage.org ; 1200 Anastasia Ave ; billets 48-65 $)

Cosford Cinema
CINÉMA

19 Plan p. 118, D5

Sur le campus de l'université de Miami, ce cinéma d'art et essai a été rénové et rouvert en mémoire du critique cinéma du *Miami Herald*, Bill Cosford. Des conférences de réalisateurs, écrivains et historiens sont régulièrement organisées. (305-284-4627 ; www.cosfordcinema.com ; Memorial Classroom Bldg, 5030 Brunson Dr, université de Miami)

Actors Playhouse
THÉÂTRE

20 Plan p. 118, G2

Installée dans l'édifice Art déco du Miracle Theater (1948), cette compagnie dispose de trois scènes : une pour les comédies et comédies musicales, une réservée aux spectacles pour enfants et une dernière pour les créations plus expérimentales. (☎305-444-9293 ; www.actorsplayhouse.org ; Miracle Theater, 280 Miracle Mile ; billets 20-64 $)

Shopping

Bloom

MODE ET ACCESSOIRES

21 Plan p. 118, G2

Bloom est une minuscule boutique pour femmes proposant des vêtements élégants : hauts brodés, robes longues très colorées, sacs de voyages bien conçus et bijoux sophistiqués. Nouveaux arrivages chaque semaine. (☎305-476-0300 ; 290 Miracle Mile ; 10h30-19h lun-jeu, 10h30-20h ven-sam)

Retro City Collectibles

MUSIQUE

22 Plan p. 118, G1

Amusez-vous à chiner dans cette petite boutique encombrée. Petit tour d'horizon de la culture américaine, avec des BD, disques, cartes de baseball, distributeurs de bonbons Pez, vieilles affiches de films et figurines (Star Wars, Star Trek, Dr Who, etc.). (☎786-879-4407 ; 277 Miracle Mile, 1er ét. ; 17h-21h lun-jeu, 12h-19h sam-dim)

Books & Books

LIVRES

23 Plan p. 118, H1

La meilleure librairie indépendante de Floride du Sud est un véritable royaume de la littérature (en tout genre). B&B accueille souvent des lectures et c'est toujours un plaisir d'y passer du temps. Bon restaurant sur place, avec une terrasse de style méditerranéen à l'avant. (☎305-442-4408 ; 265 Aragon Ave ; 9h-23h dim-jeu, 9h-minuit ven-sam)

KATELYN RACANELLI/SHUTTERSTOCK ©

Matheson Hammock Park (p. 122)

Village of Merrick Park

GALERIE MARCHANDE

24 Plan p. 118, G5

Dans la chic Coral Gables, le Village of Merrick Park est un merveilleux endroit pour passer quelques heures (et dépenser beaucoup de dollars). On y trouve des dizaines de boutiques alléchantes, les très distingués grands magasins Neiman Marcus et Nordstrom, ainsi que des restaurants avec terrasse et un cinéma. (www.villageofmerrickpark.com ; 358 San Lorenzo Ave ; 10h-21h lun-sam, 12h-18h dim)

ACON
HOTEL

Miami
selon ses envies

Les plus belles balades

Envie de...

Quartier Art déco de South Beach
FOTOSEARCH/GETTY IMAGES ©

Les plus belles balades
Architecture Art déco

Itinéraire

De jolis édifices Art déco jalonnent les rues de Miami Beach, faisant de cette ville balnéaire un écrin architectural. Ocean Drive, cœur du quartier historique, abrite des hôtels joliment restaurés qui arborent tous un style unique. Soyez à l'affût des motifs classiques de Miami : thème nautique (l'hôtel comme paquebot de croisière), images tropicales (palmiers, flamants) et couleurs douces censées évoquer la palette de la Floride du Sud, des premières lueurs sur l'eau aux douces teintes d'un coucher de soleil hivernal.

Départ Art Deco Museum

Arrivée The Hotel of South Beach

Distance et durée 2 km ; 2 à 3 heures

Une petite faim ?

Ce quartier ne manque pas de restaurants, mais Ocean Dr est cher. Préférez le **11th St Diner** pour une cuisine américaine classique dans un wagon de 1948.

TRAVELVIEW/SHUTTERSTOCK ©

US Post Office

❶ Art Deco Museum

Commencez à l'**Art Deco Museum** (p. 32), à l'angle d'Ocean Dr et de 10th St (appelée ici Barbara Capitman Way, du nom de la fondatrice de la Miami Design Preservation League) pour une exposition sur le style Art déco, puis suivez Ocean Dr vers le nord.

❷ Le Leslie

En remontant Ocean Dr vers le nord, restez côté plage pour mieux voir les bâtiments. Vous croiserez de nombreux beaux exemples d'hôtels Art déco, dont le voyant **Leslie**, une forme cubique dont les linteaux de fenêtre (auvents en porte-à-faux) entourent le bâtiment.

❸ Le Cardozo

Passez 13th St et admirez le **Cardozo** (1300 Ocean Dr), l'un des premiers hôtels Art déco sauvés par la Miami Design Preservation League. Ses belles lignes et courbes évoquent une automobile des années 1930.

❹ Winter Haven Hotel

Au niveau de 14th St, entrez dans le **Winter Haven Hotel** (☎305-531-5571 ; www.winterhavenhotelsobe.com ; 1400 Ocean Dr) pour voir son fabuleux sol en granito, un enduit composé de fragments de pierre passé au mortier puis poli. À noter aussi les lampes Art déco dignes de la science-fiction rétro.

❺ Bureau de poste

Prenez 14th St, puis Washington Ave jusqu'à 13th St. L'**US Post Office** (1300 Washington Ave ; ⏱8h-17h lun-ven, 8h30-14h sam), de style Depression Modern, comporte une coupole et un plafond décoré. Remarquez la fresque représentant l'explorateur espagnol Hernando de Soto face aux Amérindiens.

❻ Wolfsonian-FIU

Continuez en direction du sud jusqu'à l'imposant **Wolfsonian-FIU** (p. 32), un excellent musée du design, anciennement la Washington Storage Company, où les riches nordistes des années 1930 plaçaient leurs biens avant de retourner dans le Nord.

❼ The Hotel of South Beach

Continuez dans Washington Ave, tournez à gauche dans 8th St et suivez le nord dans Collins Ave jusqu'à l'**Hotel of South Beach** (☎305-531-2222 ; www.thehotelofsouthbeach.com ; 801 Collins Ave), dont l'intérieur et le toit-terrasse sont signés Todd Oldham.

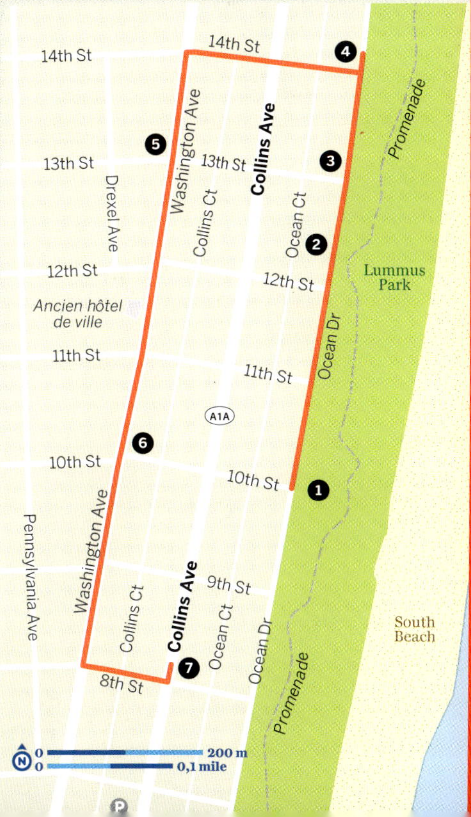

Les plus belles balades

Art et culture à Wynwood

Itinéraire

Wynwood est la capitale officieuse de l'art et de l'avant-gardisme à Miami. Ses rues bordées de fresques sont une toile géante – en perpétuel changement – et ses galeries sont sans égales. Outre l'art, ce quartier dynamique recèle bien d'autres formes de créativité : stand de tacos avec bar secret, parking transformé en espace restauration-concert. Venez l'explorer de jour, puis revenez la nuit pour voir Wynwood battre son plein.

Départ Art by God Museum Store

Arrivée Wynwood Brewing Company

Distance et durée 2 km ; 2 à 3 heures

Une petite faim ?

Pilier du quartier, le **Wynwood Yard** (p. 85) remplit plusieurs rôles. La demi-douzaine de food trucks stationnés ici servent de tout, des *mac and cheese* gourmets aux bols végétaliens sains.

ALEXANDER TAMARGO/GETTY IMAGES ©

Panther Coffee

❶ Art by God

Démarrez dans ce vaste **entrepôt** (p. 87) renfermant quantité de curiosités naturelles. Cornes de tricératops, taxidermie en tout genre et même des crânes humains préhistoriques occupent les étagères.

❷ Panther Coffee

Suivez l'ouest jusqu'à N Miami Ave, tournez à gauche, puis à droite dans NW 24th St. Au bout de la rue se trouve le **Panther Coffee** (p. 82). Arrêtez-vous chez ce torréfacteur apprécié pour un bon expresso et installez-vous dehors pour observer les passants.

❸ Plant the Future

Remontez NW 2nd Ave jusqu'à **Plant the Future** (2511 NW 2nd Ave), une minuscule boutique mêlant horticulture et sculpture, avec de petits terrariums et des créatures grandeur nature sur lesquelles poussent des cactus et d'autres plantes.

❹ Wynwood Walls

L'entrée des célèbres **Wynwood Walls** (p. 74)

est située en face. Prenez le temps d'y flâner, de vous arrêter dans les galeries et de faire de belles photos des brillantes fresques.

5 Wynwood Building

Sortez dans 26th St et prenez à gauche. Rejoignez NW 3rd Ave, et tournez à droite. Vous croiserez d'impressionnantes fresques. À l'angle de NW 27th St, le **Wynwood Building** rayé de noir et blanc est un bureau créatif et espace de vente. Un autre bon café (Miam Cafe) est installé ici.

6 Margulies Collection at the Warehouse

Sortez du bâtiment et prenez à droite dans 27th St. À deux rues de là, vous arrivez à **Margulies Collection at the Warehouse** (p. 80). L'entrée est payante mais elle en vaut la peine puisque cette vaste galerie renferme une incroyable collection d'art contemporain.

7 Wynwood Brewing Company

Prenez à droite en sortant de la galerie, rejoignez NW 6th St et tournez à gauche. Tournez encore à gauche dans NW 24th St. La **Wynwood Brewing Company** (p. 85), pionnière des bières artisanales à Miami, est située à mi-chemin du pâté de maisons. Elle sert une excellente IPA pression, ainsi qu'une ale blonde appréciable dans la chaleur de Miami.

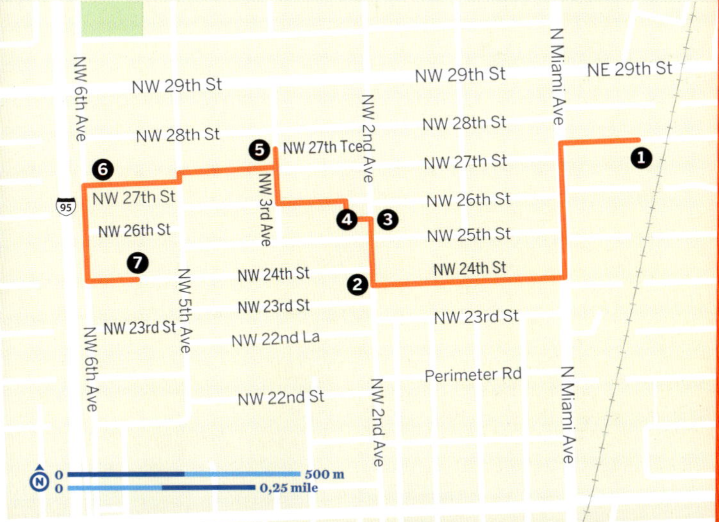

Envie de... Restaurants

BONCHAN/SHUTTERSTOCK ©

Important lieu d'immigration, Miami est très au fait des tendances culinaires. On y trouve donc des restaurants ethniques bon marché et des adresses gastronomiques, ainsi que des établissements à éviter dans les lieux touristiques comme Miami Beach. Les meilleures adresses récemment ouvertes sont situées dans les quartiers de Downtown, de Wynwood et de l'Upper East Side ; Coral Gables abrite d'excellentes tables classiques.

Cuisine cubaine

La cuisine cubaine, autrefois considérée comme "exotique", est elle-même un mélange d'influences des Caraïbes, d'Afrique et d'Amérique latine, et à Miami, c'est un classique. Rendez-vous dans une *lonchería* (snack-bar) et commandez un *pan cubano* : baguette grillée beurrée, garnie de jambon, porc rôti, fromage, moutarde et cornichons. Le matin, prenez un café cubain, également appelé *café cubano* ou *cortadito*. Ce breuvage chaud est en fait un expresso sucré, tandis que le *café con leche* est un café au lait : doses égales de café et de lait chaud.

Influences latinos

Grâce aux nombreux migrants d'Amérique centrale et du Sud, la région de Miami recèle quantité d'authentiques restaurants ethniques. Griots haïtiens (porc frit mariné), poulet jerk jamaïcain, barbecue brésilien, *gallo pinto* d'Amérique centrale (haricots rouges et riz) et *tres leches* du Nicaragua (gâteau aux "trois laits") sont à essayer.

Food trucks

Disséminés dans la ville, les food trucks ont leur importance à Miami. Le Wynwood Yard (p. 85) est un lieu apprécié, avec diverses excellentes options, ainsi qu'un bar, des concerts et de nombreuses tables en plein air. Le dernier vendredi du mois, si vous êtes véhiculé, allez à **Food Truck Invasion** (www.foodtruckinvasion.com), au Tropical Park (7900 SW 40th St), situé quelques kilomètres au sud-ouest de Coral Gables.

Ci-contre : *Pan cubano* ; Ci-dessus : poulet et gaufres au Yardbird (p. 36)

Restaurants créatifs

Kyu Cuisine créative au gril à Wynwood. (p. 83)

27 Restaurant Menu d'inspiration internationale et superbe atmosphère dans ce nouveau restaurant de Mid-Beach. (p. 49)

Yardbird Cuisine du Sud façon gastronomique. (p. 36)

El Carajo Délicieuses tapas servies dans une... station-service. (p. 103)

Tables végétariennes

Chef Allen's Farm-to-Table Dinner Festin le lundi soir, à l'Arsht Center. (p. 67)

Dirt Café animé de South Beach proposant d'excellentes options végétariennes. (p. 34)

Manna Life Food Idéal pour un repas à base de plantes savoureuses dans Downtown. (p. 60)

Della Test Kitchen Savoureuse cuisine vegan au Wynwood Yard. (p. 80)

Repas bon marché

Coyo Taco Délicieux tacos, et bar secret à l'arrière. (p. 80)

Cake Thai Les riches saveurs de Thaïlande, à Wynwood. (p. 83)

Kush Parfait mélange de burgers et de bières artisanales. (p. 82)

Wynwood Yard Food trucks, bière et musique live. (p. 85)

Cuisine d'Amérique latine

Yuca Plats d'Amérique latine avec une touche créative. (p. 38)

Versailles Institution cubaine près de Little Havana. (p. 96)

El Nuevo Siglo Des saveurs maison servies dans un cadre surprenant. (p. 96)

CVI.CHE 105 Remarquable cuisine péruvienne dans le centre-ville. (p. 68)

Envie de... Produits de la mer

La Floride s'est toujours nourrie de la mer, qui, presque partout, est à portée de main. Si quelque chose nage ou marche dans l'océan, on peut être sûr qu'elle finira décortiquée ou écaillée, panée, frite et affichée sur un menu.

Poisson

Le mérou est de loin le poisson le plus prisé. Tel le steak au fromage à Philadelphie ou la pizza à New York, le sandwich au mérou est un plat emblématique de la Floride et sert d'unité de mesure pour juger les restaurants. On trouve bien sûr d'autres poissons, notamment le vivaneau – dont il existe des dizaines de variétés –, la dorade coryphène et le poisson-chat.

Crustacés

La Floride se distingue par ses crustacés : goûtez les crevettes roses et les crevettes à rostre court, et ne manquez pas le crabe bleu à carapace molle – la Floride est l'unique endroit où l'on trouve des élevages de crabes bleus, ces derniers sont donc proposés toute l'année. L'hiver (octobre-avril) est la saison de la langouste et du crabe caillou (hors saison, tous deux sont surgelés). Le deuxième est divinement bon, cuit à la vapeur et servi avec du beurre ou une sauce moutarde.

MATT MUNRO/LONELY PLANET ©

Les meilleurs fruits de mer

Joe's Stone Crab Restaurant Légendaire (et bondé) restaurant de fruits de mer de South Beach. (p. 37)

Casablanca Produits de la mer frais servis sur une terrasse au bord de la rivière. (p. 66)

River Oyster Bar Un lieu chic et prisé à Brickell. (p. 67)

SuViche Réputé pour son ceviche piquant, qui se marie bien avec les cocktails au pisco. (p. 81)

Matsuri Excellents sushis dans un cadre sans prétention, très apprécié des habitants. (p. 123)

Monty's Raw Bar Huîtres et autres délices dans un lieu décontracté au bord de l'eau. (p. 109)

Envie de... Musées

Miami recèle de superbes musées. Si la ville est surtout connue pour l'art, il existe bien d'autres remarquables univers à explorer, du monde des sciences et de la biologie au design urbain, en passant par l'héritage des nombreuses communautés de migrants.

Pérez Art Museum Belle galerie en front de mer présentant d'excellentes expositions d'art. (p. 54)

Wolfsonian-FIU Une étape obligatoire pour tous les amateurs de design des XIXe et XXe siècles. (p. 32)

The Bass Remarquable collection de chefs-d'œuvre européens dans un espace récemment redessiné. (p. 34)

HistoryMiami Le meilleur endroit pour s'informer sur l'histoire complexe et fascinante de Miami. (p. 64)

Patricia & Phillip Frost Museum of Science Célèbre nouveau musée du centre-ville doté d'une vaste collection interactive. (photo ci-dessus ; p. 64)

Art Deco Museum Petit bijou à South Beach offrant un excellent aperçu des trésors architecturaux du quartier Art déco. (p. 32)

Jewish Museum of Florida-FIU Découvrez les relations profondes entre la communauté juive et la vie culturelle de Miami. (p. 34)

Coral Gables Museum Un musée original célébrant l'histoire unique d'un village méditerranéen dont la construction fut planifiée. (p. 121)

Vizcaya Museum & Gardens Une collection de peintures et d'objets décoratifs du XVIIIe siècle évoquant l'Europe d'antan. (p. 102)

World Erotic Art Museum Un regard fascinant sur l'érotisme, d'anciens manuels de sexe aux photos coquines d'époque victorienne. (p. 34)

FELIX MIZIOZNIKOV/SHUTTERSTOCK ©

Envie de... Bars et vie nocturne

On associe souvent la vie nocturne de Miami avec la richesse, la beauté et/ou l'hypocrisie. Oubliez cette vision, qui ne décrit qu'une petite partie du paysage de South Beach. Miami possède une grande variété d'établissements, des bars sales aux beaux – mais toujours décontractés – bars lounges et clubs.

Bars sur les toits

Les gratte-ciel de Miami sont mis à profit dans les nombreux bars sur les toits. Leur principal attrait est, bien sûr, la vue, qui peut être sublime, avec la vaste Biscayne Bay ou l'éblouissant front de mer en toile de fond. Si c'est le panorama et non le cadre (DJ, clientèle chic) qui vous intéresse, allez-y tôt. Durant l'happy hour, vous entrerez généralement facilement et assisterez à un joli coucher de soleil.

Microbrasseries et brasseries

La renaissance de la microbrasserie est en marche à Miami avec une augmentation croissante des brasseries artisanales. On trouve dans ces établissements des bières créatives et une forte ambiance de quartier. Certains servent aussi d'autres bières pression en alternance (notamment de brasseurs de Floride du Sud). La plupart proposent aussi à manger, ou travaillent avec les food trucks garés devant.

COURTLAND WHITED/GETTY IMAGES ©

Ambiances

Lagniappe Excellents groupes, bonnes provisions et jardin en retrait de la rue. (p. 84)

Broken Shaker Un jardin d'allure tropicale (avec bons cocktails et jolie clientèle). (p. 50)

Sweet Liberty Clientèle locale décontractée, personnel chaleureux et excellentes boissons. (p. 38)

Mango's Tropical Café Amusant temple du divertissement dans Ocean Dr. (p. 38)

The Anderson Le parfait bar de quartier dans l'Upper East Side. (p. 89)

Ball & Chain Un classique de Little Havana à l'ambiance toujours agréable. (p. 97)

Blackbird Ordinary (p. 68)

Bars sur les toits

Sugar Un lieu chic à l'ambiance tropicale à Brickell. (p. 61)

Area 31 Profitez de l'happy hour sur un toit de Downtown. (p. 68)

Eleven Miami Nightclub avec belle terrasse, ouvert 24h/24. (p. 68)

Brasseries

Boxelder Chaleureux bar de quartier où découvrir les bières de la Floride du Sud. (p. 86)

Wynwood Brewing Company Pionnière des microbrasseries de Miami. (p. 85)

Abbey Brewery Un endroit de choix pour boire une bière à South Beach. (p. 40)

Bijoux cachés

Bodega Repaire de fêtards caché derrière un stand de tacos. (p. 38)

Bardot Bar lounge sensuel, idéal pour quelques excès. (p. 85)

Vagabond Pool Bar Pour se croire dans un endroit secret. (p. 89)

Blackbird Ordinary Excellent en tous points : cocktails, musique, clientèle. (p. 68)

Bouis-bouis

Kill Your Idol Bar de South Beach avec un supplément d'âme bienvenu. (p. 39)

Barracuda Un troquet classique de Coconut Grove. (p. 105)

Vaut le détour

Emblème de Miami ouvert depuis 1979, le **Churchill's** (☎305-757-1807 ; www.churchillspub.com ; 5501 NE 2nd Ave ; 15h-3h dim-jeu, jusqu'à 5h ven-sam) est un pub géré par des Britanniques au cœur de Little Haiti. C'est un endroit idéal pour un verre, et surtout pour la musique live – rock indé, garage, bœufs jazz et punk. Allez-y en voiture ou en taxi.

Envie de... Sorties

Les qualités artistiques de Miami sont évidentes et de nombreux facteurs l'expliquent. Il y a les talents natifs du Sud, les Nordistes qui apportent les fonds et l'attention de galeries du Nord-Est, et les migrants d'Amérique du Sud. L'ensemble s'exprime en musique, au théâtre et en danse, tout en laissant de la place à l'expérimentation.

DAYOWL/SHUTTERSTOCK ©

Film

Avec un public aussi international et varié, les films étrangers intéressants, ainsi que les œuvres et documentaires indépendants ne manquent pas. Miami abonde en cinémas d'art et essai qui projettent aussi de nombreuses productions hollywoodiennes.

Théâtre

L'offre théâtrale de Miami est limitée mais dynamique. Vous aurez le choix entre les petits théâtres de la ville, de grands spectacles de Broadway et des groupes populaires qui se produisent à l'Adrienne Arsht Center for the Performing Arts et dans d'autres salles importantes. Un répertoire exhaustif des théâtres en Floride du Sud est disponible en ligne à l'adresse : www.southfloridatheatre.com.

Art du spectacle

Adrienne Arsht Center for the Performing Arts Spectacles de Broadway, concerts, opéras et ballets. (p. 56)

Olympia Theater Superbe salle de spectacles et de concerts. (p. 70)

Cubaocho Cadre intimiste où voir des artistes d'Amérique latine et d'ailleurs. (p. 98)

New World Center Salle de concerts emblématique de Miami Beach. (p. 32)

Cinémas

Coral Gables Art Cinema Films indépendants et étrangers. (p. 124)

Tower Theater Un beau bâtiment Art déco. (photo ci-dessus ; p. 96)

O Cinema Projections indépendantes à Wynwood. (p. 86)

Théâtres

Actors Playhouse Une scène classique de Coral Gables. (p. 124)

GableStage Des œuvres très intéressantes, au Biltmore. (p. 124)

Light Box at Goldman Warehouse Des œuvres créatives dans un incubateur d'art de Wynwood. (p. 86)

Envie de... Musique

La scène musicale de Miami est toujours active. On peut voir du latin jazz (notamment à Little Havana), écouter des rockeurs indépendants jouer dans les jardins de Wynwood et voir des groupes connus se produire dans les grands stades et salles de concerts. Le calendrier, bien rempli de festivals, offre de nombreuses occasions d'assister à des concerts.

Lagniappe Un lieu charmant pour voir des groupes locaux – dans le jardin ou dans le bar vintage. (p. 84)

Gramps Un classique de Wynwood avec une scène dans le jardin où l'on peut boire une bière dans une ambiance détendue. (p. 86)

Churchill's Ouvert depuis 1979 à Little Haiti, ce lieu est incontournable pour les fans de rock indé. (p. 137)

The Anderson Mêlez-vous à la clientèle du quartier pour un bœuf le jeudi. (p. 89)

Ball & Chain Sympathique endroit à Little Havana pour la musique live, surtout les soirs de salsa. (p. 97)

Mango's Tropical Café Les amateurs de salsa investissent la piste du bar à l'arrière quand les groupes mettent l'ambiance. (p. 38)

Fillmore Miami Beach Un lieu Art déco à la programmation variée. (photo ci-dessus ; p. 41)

Hoy Como Ayer Une adresse pour amateurs de danse qui attire les groupes latinos. (p. 98)

North Beach Bandshell Endroit idéal pour profiter de concerts en plein air. (p. 51)

Barnacle Historic State Park Des concerts au clair de lune dans un paisible parc sur le front de mer. (p. 105)

GUSTAVO CABALLERO/GETTY IMAGES FOR TIDAL ©

☑ Programmation musicale

Consultez les programmes musicaux dans le *Miami New Times* pour être informé des prochains concerts (www.miaminewtimes.com/music).

Envie de...
Fêtes et festivals

Art Basel Miami Beach (www.artbasel.com/miami-beach ; début déc). L'un des événements majeurs d'art au niveau international, ce festival de 4 jours comprend des installations extérieures dans la ville, des expositions dans de nombreuses galeries, des projections en plein air, etc.

Wynwood Life (www.wynwoodlife.com ; avr). Wynwood est à l'honneur, avec musique live et DJ, grand marché d'art et d'artisanat, spectacles de mode, food trucks, démonstrations culinaires et équipe de talentueux artistes street art qui créent des installations tout au long du festival.

Art Deco Weekend (www.artdecoweekend.com ; Ocean Dr, entre 1st St et 23rd St ; mi-janv). Foire organisée un week-end à la mi-janvier, avec visites guidées, concerts, présentation de voitures anciennes, cafés avec terrasse, arts et antiquités.

Calle Ocho Festival (Carnaval Miami ; www.carnavalmiami.com ; mars). Cette énorme fête de rue en mars est le point d'orgue du Carnaval Miami, 10 jours de festivités qui célèbrent la culture latino.

Coconut Grove Arts Festival (www.coconutgroveartsfest.com ; Bayshore Dr, Coconut Grove ; fin fév). Festival de 3 jours en février, avec des œuvres de plus de 350 artistes, des concerts, des troupes de danse et de théâtre, de l'art culinaire et un village international avec cuisine du monde entier.

Independence Day Celebration (Bayfront Park ; 4 juillet). Le 4 juillet, superbes feux d'artifice, spectacle laser et musique live attirent plus de 100 000 spectateurs à Bayfront Park.

Miami Beach Gay Pride (www.miamibeachgaypride.com ; avr). En avril,

MIAMI2YOU/SHUTTERSTOCK ©

Miami Beach fait fièrement flotter le drapeau arc-en-ciel durant ce week-end de festivités qui culmine en une parade colorée dans Ocean Dr.

Miami International Film Festival (www.miamifilmfestival.com ; mars). Festival de 10 jours, avec documentaires et films du monde entier, et plus d'une demi-douzaine de cinémas participants.

Miami Museum Month (www.miamimuseummonth.com ; mai). Une excellente occasion de déambuler dans quelques-uns des meilleurs musées de la ville, au milieu des happy hours, des expositions spéciales et des conférences.

Envie de... Shopping

À Miami, la tentation a de nombreux visages. Pour les adeptes du shopping, elle prend la forme de vêtements de luxe, lunettes de soleil design, tenues vintage, livres, CD, artisanat d'Amérique latine, art, gourmandises, etc. Vous trouverez de vastes centres commerciaux climatisés où vous réfugier en cas de mauvais temps.

Lincoln Road

Lincoln Road Mall, la section commerçante piétonne entre Alton Rd et Washington Ave, est bordée de boutiques, galeries et restaurants en plein air. Carl Fisher, le père de Miami Beach, voulut faire de la rue la Fifth Ave du Sud, et le cadre est agréable pour faire des emplettes en se baladant parmi les auvents, les fontaines et la verdure.

Mode et accessoires

Supply & Advise Boutique de Downtown aux élégants vêtements pour hommes. (p. 61)

Bloom Une boutique incontournable de Miracle Mile. (p. 125)

Havaianas Tong indispensable pour la plage à Miami. (p. 42)

Alchemist Vêtements coûteux, mais boutique sympathique. (p. 29)

Nomad Tribe Vêtements chics d'origine durable. Plusieurs adresses. (photo ci-dessus ; p. 42)

Shinola Montres et accessoires joliment confectionnés. (p. 87)

Livres

Bookstore in the Grove Parfaite librairie de quartier. (p. 105)

Books & Books Lieu charmant pour flâner et prendre un excellent café. (p. 42)

JOE RAEDLE/GETTY IMAGES ©

Taschen Minuscule boutique avecs de beaux livres d'art. (p. 29)

Cadeaux et souvenirs

Malaquita Céramique, paniers et articles originaux d'Amérique latine. (p. 87)

The Bazaar Project Des objets clinquants dans une petite boutique de Design District. (p. 77)

Musique

Brooklyn Vintage & Vinyl Nouveau disquaire déjà adoré près de Wynwood. (p. 87)

Retro City Collectibles Bon choix de disques, comics, affiches de film et autres. (p. 125)

Envie de... Miami avec des enfants

Miami ne manque pas d'activités pour les petits voyageurs : jolies plages, parcs, sentiers nature, grands centres commerciaux, zoos et autres sites avec animaux. Les en-cas y sont répandus, de la glace italienne aux *arepas* (galettes de maïs) vénézuéliennes. Et vous trouverez quantité d'hôtels et de restaurants familiaux pour des vacances heureuses avec vos enfants.

Plages et piscines

Venetian Pool Passez la journée dans la plus jolie piscine de Miami. (p. 120)

South Pointe Park Stands de rafraîchissements et de glaces, pelouse soignée, plage et miniparc aquatique. (p. 36)

Boardwalk La promenade longe une portion de plage familiale à Mid-Beach. (p. 48)

Crandon Park Sable et sentiers nature à Key Biscayne. (p. 91)

Bill Baggs Cape Florida State Park Des tables de pique-nique face à une jolie plage et des balades dans la verdure. (photo ci-dessus ; p. 91)

Parcs et espaces verts

Bayfront Park Dans Downtown, de l'espace pour courir, bonne aire de jeux et restaurants en plein air non loin. (p. 58)

Oleta River State Park Immense parc avec accès au front de mer, et location de canoës et kayaks. (p. 48)

Marjory Stoneman Douglas Biscayne Nature Center Aquariums, petits sentiers nature et activités en extérieur une fois par mois. (p. 91)

Vizcaya Museum & Gardens Les plus grands apprécieront la fantaisie de cette demeure féerique et de son vaste jardin. (p. 102)

JAMES KIRKIKIS/SHUTTERSTOCK ©

Barnacle Historic State Park Sentiers et fréquents concerts en plein air accessibles en famille. (p. 105)

Activités d'intérieur

Miami Children's Museum Terrain de jeux intérieur où les enfants vivent des aventures imaginaires (notamment dans la mer). (p. 65)

HistoryMiami Fascinantes présentations multimédias sur l'histoire de Miami, avec expositions sur les pirates ! (p. 64)

Patricia & Phillip Frost Museum of Science Aquarium, planétarium et expositions interactives pour découvrir les nombreuses merveilles de la nature. (p. 64)

Envie de... Circuits organisés

Miami s'explore très bien tout seul, mais une visite guidée permet d'en avoir un aperçu plus détaillé. D'excellents guides peuvent vous éclairer sur l'histoire, la culture et la cuisine de Miami, au cours d'excursions, courtes ou d'une journée, entre promenades architecturales, balades artistiques et circuits gastronomiques avec dégustations.

PIDJOE/GETTY IMAGES ©

Miami Design Preservation League (☎305-672-2014 ; www.mdpl.org ; 1001 Ocean Dr ; visites guidées tarif plein/étudiant 25/20 $; ⌚10h30 tlj et 18h30 jeu). Un guide plein d'entrain de la Miami Design Preservation League raconte l'histoire des édifices Art déco de South Beach.

Wynwood Art Walk (☎305-814-9290 ; www.wynwoodartwalk.com ; visites à partir de 29 $). À ne pas confondre avec la fête artistique mensuelle du même nom, cette promenade guidée d'1 heure 30 conduit aux meilleures expositions du moment et aux œuvres street art du quartier.

Miami Food Tours (☎786-361-0991 ; www.miamifoodtours.com ; 429 Lenox Ave ; circuit South Beach adulte/enfant 58/35 $, Wynwood 75/55 $; ⌚circuits South Beach 11h et 16h30 tlj, Wynwood 10h30 lun-sam). Circuits très appréciés qui explorent diverses facettes de la ville – culture, histoire, art et, bien sûr, cuisine – avec des arrêts dans les restaurants et cafés.

Miami EcoAdventures (☎305-666-5885 ; www.miamidade.gov/ecoadventures ; circuits à vélo 45 $, canoë 30-70 $). Divers circuits, notamment à vélo à Key Biscayne et en canoë sur l'Oleta River, mais aussi kayak, snorkeling, balades et observation d'oiseaux.

History Miami Tours (www.historymiami.org/city-tour ; circuits 30-60 $). L'historien Paul George organise de fascinants circuits pédestres, dont des balades culturellement riches à Little Haiti, Little Havana, Downtown et Coral Gables au crépuscule, et quelques balades en bateau à Stiltsville et Key Biscayne.

South Beach Diver & Surf Center (☎305-531-6110 ; www.southbeachdivers.com ; 850 Washington Ave ; sortie 2 plongées sans/avec équipement à partir de 90/140 $, location planche de surf 4 heures/journée 30/35 $; ⌚9h-19h lun-sam, 10h-18h dim). Sorties plongée régulières sur les récifs de Key Largo et plongées de nuit, sur épave et avec des requins.

Urban Tour Host (☎305-416-6868 ; www.miamiculturaltours.com ; 25 SE 2nd Ave, Ste 1048 ; circuits à partir de 20 $). Programme de circuits offrant de vraies interactions dans tous les quartiers de Miami.

Envie de... Activités sportives

Il est facile de faire de l'exercice à Miami. Du kayak à la randonnée dans un sous-bois tropical, en passant par le yoga dans les parcs et (pourquoi pas ?) une séance de flagellation avec une branche de bouleau dans un sauna russe, la ville récompense les vacanciers actifs.

Vélo

Parmi les sentiers intéressants, l'Old Cutler Bike Path commence au bout de Sunset Dr, à Coral Gables, et traverse Coconut Grove jusqu'au Matheson Hammock Park et au Fairchild Tropical Garden. La Rickenbacker Causeway rejoint et traverse le pont jusqu'à Key Biscayne en offrant une belle vue sur l'eau.

Jogging

Parmi les lieux prisés pour courir figurent la piste du Flamingo Park, situé à l'est d'Alton Rd, entre 11th St et 12th St ; la promenade de South Beach pour son style ; la promenade de Mid-Beach pour le cadre et pour observer les passants ; et South Bayshore Dr, à Coconut Grove, pour l'ombre de ses beaux banians.

Plongée et snorkeling

Direction les Keys ou le Biscayne National Park. Si vous n'êtes pas véhiculé, les agences de plongée en ville organisent des excursions d'une journée, incluant le trajet jusqu'à des récifs coralliens colorés comme au John Pennekamp State Park de Key Largo.

ANOUCHKA/GETTY IMAGES ©

☑ Billetteries

Avec autant d'équipes (professionnelles, universitaires) et de tournois organisés à Miami, les journées sans sport se font rares dans la ville. Certaines équipes vendent leurs billets sur leur site Web, mais la plupart passent par Ticketmaster (www.ticketmaster.com) ou Stubhub (www.stubhub.com).

Yoga à South Beach

Yoga

La plage n'est pas qu'un endroit où profiter du soleil à Miami. Il existe de charmants studios de yoga dans la ville, et même des cours gratuits – comme à Bayfront Park. Les studios proposent divers cours ; on apporte généralement son tapis, mais de nombreux endroits en louent (environ 2 $/cours).

Spas

Miami ne manque pas de lieux où se faire chouchouter. Quelques-uns des spas les plus luxueux sont installés dans les grands hôtels, où les tarifs vont de 300 à 400 $ pour un massage et/ou de la digitopuncture, et 200 $ pour un enveloppement.

Virginia Key Beach North Point Park Sur une planche de paddle au large de Virginia Key pour voir des lamantins et des oiseaux. (p. 91)

South Beach Un jogging à l'aube le long de Miami Beach. (p. 32)

Key Biscayne Louer un vélo pour traverser les ponts et parcourir Key Biscayne. (p. 90)

Venetian Pool Un charmant endroit où barboter. (p. 120)

Bayfront Park Séance gratuite de yoga en plein air en compagnie des habitants. (p. 58)

Oleta River State Park Un cadre magique pour faire du kayak ou du canoë dans la mangrove. (p. 48)

Marjory Stoneman Douglas Biscayne Nature Center Suivez les petits parcours pour observer la faune de la Floride du Sud. (p. 91)

Barnacle Historic State Park Cours de yoga le soir, deux fois par semaine, dans un joli cadre en plein air. (p. 105)

Carillon Miami Wellness Resort Une merveilleuse expérience dans un spa. (p. 47)

Russian & Turkish Baths *Banyas* (bains de vapeur) à l'ancienne semblant tout droit venus de Russie. (p. 48)

American Airlines Arena Voir jouer l'équipe de basket des Miami Heat dans ce stade du centre-ville. (p. 70)

Envie de... Miami gratuit

Ce n'est pas un secret, Miami peut vite entamer votre budget. Heureusement, la ville offre d'excellentes activités gratuites – des coulisses d'une salle de concerts aux remarquables galeries d'art. L'attraction principale reste bien sûr la plage, gratuite et accessible à tous.

Wynwood Walls L'un des sites favoris à Miami est une installation à la beauté brute en perpétuel changement. (p. 74)

De la Cruz Collection Superbe collection d'œuvres – toujours gratuite – dans le Design District. (p. 77)

Bakehouse Art Complex Des œuvres avant-gardistes d'artistes contemporains à Wynwood. (p. 80)

SoundScape Park Projections de films en plein air et gratuites toute l'année à South Beach. (p. 32)

Biltmore Hotel Les espaces publics de ce grand édifice, à découvrir seul ou lors d'une visite guidée le dimanche (13h30 et 14h30). (p. 116)

Fly's Eye Dome L'emblématique sculpture publique d'un dôme géodésique installée dans le Design District. (p. 77)

Locust Projects Galerie d'art aux excellentes expositions. (p. 76)

FELIX MIZIOZNIKOV/SHUTTERSTOCK ©

Adrienne Arsht Center for the Performing Arts Visites guidées gratuites à midi les lundis et samedis. (photo ci-dessus ; p. 56)

Pérez Art Museum Miami Entrée gratuite le premier jeudi et le deuxième samedi du mois. (p. 54)

Bayfront Park Cours de yoga gratuit, les lundis et mercredis à 18h et le samedi à 9h. (p. 58)

Carnet pratique

Carnet pratique

Avant de partir

Quand partir

Miami

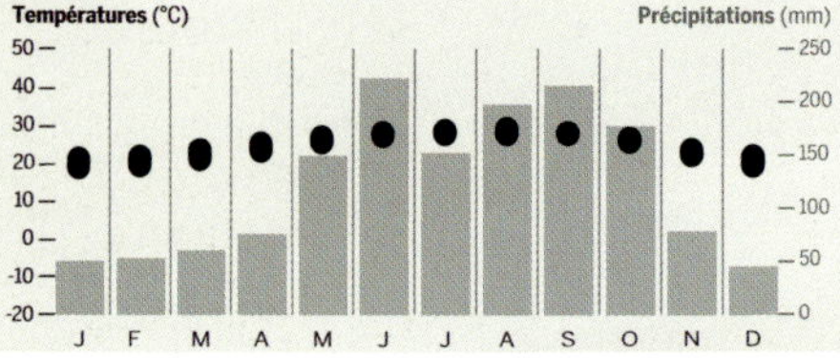

➡ **Hiver (déc-fév)** Le climat doux et sec attire les touristes ; tarifs hôteliers et visiteurs sont en hausse pendant la période la plus animée, avec nombreux festivals et événements.

➡ **Printemps (mars-juin)** Temps moins lourd qu'en été, et végétation plus luxuriante et verte qu'en hiver.

➡ **Été (juil-sept)** Il fait chaud ! Les prix chutent. Les températures sont étouffantes et il peut se produire des tempêtes : c'est la saison des ouragans.

➡ **Automne (oct-nov)** Saison intermédiaire, les tarifs sont corrects et le climat doux permet de profiter du soleil et de se baigner.

Hébergement

Sites Internet utiles

➡ **Greater Miami & the Beaches** (www.miamiandbeaches.com/where-to-stay). Renseignements sur les hébergements, que vous soyez plutôt luxe, architecture ou vue sur l'océan.

➡ **Miami.com** (www.miami.com/category/miami-hotels-motels). Aperçu des meilleurs hôtels et des nouvelles adresses.

➡ **Lonely Planet** (www.lonelyplanet.com/usa/miami/hotels). Adresses et services de réservation en ligne.

Petits budgets

Freehand Miami (www.thefreehand.com). Dortoirs abordables, élégantes chambres privées et beau jardin.

SoBe Hostel (www.sobe-hostel.com).

Excellent emplacement à South Beach, équipe chaleureuse et nombreuses activités.

HI Miami Beach (www.hi-miamibeach.com). Établissement accueillant et sympathique au cœur de South Beach.

Rock Hostel (www.miamirockhostel.com). Idéal pour les noctambules.

Catégorie moyenne

Townhouse Hotel (www.townhousehotel.com). Bar animé sur le toit, restaurant de burgers et *ramen* caché, et ambiance sympathique.

Langford Hotel (www.langfordhotelmiami.com). Option chic de Downtown dans un édifice Beaux-Arts.

Vagabond Hotel (www.thevagabondhotel.com). Hôtel restauré des années 1950, avec chambres rétro et joli bar de piscine.

Real Living Residence (www.rlmiami.com). Près de Wynwood, le RLR est un bel hôtel pour profiter de l'art alentour.

Catégorie supérieure

Biltmore Hotel (www.biltmorehotel.com). Joyau du style Mediterranean Revival aux nombreux équipements, dont la plus grande piscine de Floride.

Washington Park Hotel (www.wphsouthbeach.com). Un hôtel réparti sur 5 bâtiments Art déco doté d'un beau jardin et d'un grand bar.

Betsy Hotel (www.thebetsyhotel.com). Superbe adresse de South Beach pour l'excellence du service et des équipements.

EAST, Miami (www.east-miami.com). Vue imprenable, équipements de choix et meilleur bar sur un toit de Downtown.

Miami Beach Edition (www.editionhotels.com/miami-beach). Design de Ian Schrager, avec belle discothèque et patinoire intérieure.

1 Hotel (www.1hotels.com/south-beach). Esprit écolo, plusieurs piscines, club pour enfants et chambres que vous ne voudrez plus quitter.

Arriver à Miami

Depuis l'aéroport international de Miami

- Les taxis appliquent un forfait, variable suivant la destination : 22 $ pour Downtown, Coconut Grove ou Coral Gables ; 35 $ pour South Beach ; et 44 $ pour Key Biscayne. Comptez 40 minutes pour South Beach avec un trafic moyen, et environ 25 minutes pour Downtown.
- Les bus Metrobus partent de Miami Airport Station (reliée à l'aéroport par un train électrique) et circulent dans la ville ; 2,25 $ le trajet.
- Le Miami Beach Airport Express (bus n°150) coûte 2,65 $ et s'arrête le long de Miami Beach, de 41st St à la pointe sud.
- Le minibus partagé SuperShuttle coûte environ 22 $ jusqu'à South Beach. Réservez votre place la veille.
- Certains hôtels proposent des navettes gratuites.

➡ Si vous êtes motorisé, suivez la Route 112 depuis l'aéroport, puis dirigez-vous vers l'est sur la Julia Tuttle Causeway ou l'I-195 pour rejoindre South Beach.

Depuis l'aéroport international de Fort Lauderdale-Hollywood

➡ En taxi, comptez au moins 45 minutes de l'aéroport à Downtown, et une heure minimum pour gagner South Beach. Un compteur calcule le tarif. Comptez environ 65 $ pour Downtown et 75 $ pour South Beach.

➡ GO Airport Shuttle gère des minibus partagés depuis l'aéroport. Comptez environ 25 $ pour South Beach.

➡ Prenez la navette gratuite jusqu'à la station du Tri-Rail de l'aéroport. Là, ce train de banlieue, relié à l'Orange Line du Metrorail de Miami-Dade, vous conduira dans Miami (3,75-5 $). Les trains circulent toutes les 30 à 60 minutes, repérez l'heure de départ pour éviter une longue attente.

Depuis la France

Plusieurs compagnies européennes et nord-américaines proposent des vols directs de Paris pour Miami. La durée de vol est d'environ 9 heures 30. Pour un vol avec escale, prévoyez 12 à 13 heures. Selon la période, les prix varient de 450 à 900 €.

Parmi les compagnies et opérateurs :

Air France (☎36 72 ; www.airfrance.fr)

American Airlines (☎0821 980 999 ; www.americanairlines.fr)

British Airways (☎0825 825 400 ; www..britishairways.com)

XL Airways (☎0892 692 123 ; www.xl.com)

Bourse des voyages (☎0 899 650 649 ; www.bourse-des-voyages.fr)

Nouvelles Frontières (☎0 825 000 747 ; www.nouvelles-frontières.fr)

Depuis la Belgique

Seule la compagnie Tuifly offre des vols directs pour Miami au départ de Bruxelles ; comptez 9 heures 30 à 11 heures. Les transporteurs cités ci-dessus proposent

Voyages et changements climatiques

Tous les moyens de transport fonctionnant à l'énergie fossile génèrent du CO_2 – la principale cause du changement climatique induit par l'homme. L'industrie du voyage est aujourd'hui dépendante des avions. Si ceux-ci ne consomment pas nécessairement plus de carburant par kilomètre et par personne que la plupart des voitures, ils parcourent en revanche des distances bien plus grandes et relâchent quantité de particules et de gaz à effet de serre dans les couches supérieures de l'atmosphère. De nombreux sites Internet utilisent des "compteurs de carbone" permettant aux voyageurs de compenser le niveau des gaz à effet de serre dont ils sont responsables par une contribution financière à des projets respectueux de l'environnement. Lonely Planet "compense" les émissions de tout son personnel ainsi que de ses auteurs.

Agences en ligne

Vous pouvez réserver votre vol via une agence en ligne ou vous renseigner auprès d'un comparateur de vols : www.bourse-des-vols.com

www.ebookers.fr

www.expedia.fr

www.govoyages.com

www.illicotravel.com

www.kayak.fr

www.opodo.fr

www.skyscanner.fr

voyages.kelkoo.fr

www.voyages-sncf.com

des vols avec escale (12 à 13 heures). Selon la période, les prix varient de 400 à 900 €.

Quelques adresses utiles :

Tuifly (☎0899 190 043 ; www.tuifly.be)

Airstop (☎070 233 188 ; www.airstop.be)

Connections (☎070 233 313 ; www.connections.be)

Gigatours Voyages Éole (☎02 672 35 03 ; www.voyageseole.be)

Depuis la Suisse

Swiss et United Airlines proposent des vols directs depuis Zurich vers Miami ; comptez 9 à 11 heures. Depuis Genève, il n'existe pas de vols directs ; prévoyez alors 12 à 13 heures de voyage. Selon la période, les prix varient de 570 à 1 100 FS.

Swiss (☎0 848 700 700 ; www.swiss.com)

United Airlines (☎0 848 700 700 ; www.united.com)

STA Travel (☎058 450 49 49 ; www.statravel.ch)

Depuis le Canada

Air Canada et American Airlines opèrent quotidiennement des vols directs de Montréal ou Toronto vers Miami. La durée de vol est d'environ 3 heures 30. Les vols avec escale des compagnies américaines sont souvent très compétitifs. Selon la période, les prix varient de 400 à 700 $C.

Air Canada (☎1 888 247 2262 ; www.aircanada.com)

American Airlines (☎1 800 433 7300 ; www.aa.com)

United Airlines (☎1 800 864 8331 ; www.united.com)

Travel Cuts (☎1 800 667 2887 ; www.travelcuts.com)

Comment circuler

Voiture

➡ Il y a des offres de location intéressantes à Miami, avec des tarifs à 20 $ la journée. La voiture s'avère pratique pour s'aventurer au-delà de South Beach et de Downtown, notamment pour des lieux comme Coral Gables et North Miami Beach.

➡ On trouve des agences de location dans toute la ville, dont de nombreuses adresses à Miami Beach, à Downtown Miami et à l'aéroport.

➡ Le stationnement est payant presque partout (mais il est généralement gratuit de 3h à 9h – et dès minuit dans certains endroits). Si vous ne payez pas, votre véhicule risque d'être enlevé et en plus des tracas pour le récupérer, vous devrez régler plus de 200 $.

➡ La plupart des places dans les rues sont gérées par application sur smartphone ou par téléphone (bien qu'il existe encore quelques horodateurs). L'application à utiliser à Miami est Pay By Phone (www.paybyphone.com). À Miami Beach, c'est l'appication Park Mobile (www.parkmobile.com).

➡ Les tarifs de stationnement varient, mais vont généralement de 1,50 à 3 $ de l'heure. Les nombreux parkings couverts municipaux (grands panneaux bleus "P") sont souvent l'option la plus simple et la moins chère. Vous en croiserez plusieurs dans Collins Ave et Washington Ave.

Taxi et covoiturage

➡ Pour une course de 20 minutes (de Lincoln Rd au Brickell City Center, par exemple), comptez plus de 30 $.

➡ Vu les tarifs élevés des taxis, et les difficultés pour les commander, la plupart des habitants utilisent des applications pour commander une voiture avec chauffeur, comme Lyft et Uber.

➡ Les taxis sont difficiles à héler dans la rue. Il faut souvent téléphoner.

➡ **Central Cabs** (☎305-532-5555), **Metro** (☎305-888-8888) et **Miami Taxi Service** (☎305-525-2455) sont de grands opérateurs.

Bus

➡ Le réseau de bus de Miami est le **Metrobus** (☎305-891-3131 ; www.miamidade.gov/transit/routes.asp ; tickets 2,25 $). Malgré un vaste réseau, le service est parfois inégal.

➡ Chaque ligne a un horaire propre et les itinéraires sont desservis de 5h30 à 23h environ, mais certaines fonctionnent 24h/24.

➡ Le trajet coûte 2,25 $ et doit être réglé avec l'appoint (en pièces ou en pièces et billets) ou via une Easy Card (en vente dans les stations Metrorail et dans certaines boutiques et pharmacies).

➡ Une carte lisible est disponible en ligne. En cas de correspondance, vous devrez payer le tarif à chaque fois si vous réglez en espèces. Avec une Easy Card, les correspondances sont gratuites.

Trolleys

➡ Des bus gratuits suivent des itinéraires à Miami, Miami Beach, Coconut Grove, Little Havana et Coral Gables, entre autres. Le trolley (www.miamigov.com/trolley) est en fait un bus hybride électrique semblable à un tram orange et vert.

➡ Miami Beach (www.miamibeachfl.gov/transportation) a 4 trolleys qui suivent différents itinéraires toutes les 10 à 15 minutes de 8h à minuit (dès 6h lun-sam, seulement sur certains trajets).

Vélo

➡ Miami est plat, mais la circulation peut y être épouvantable (dense et rapide) et la culture du cyclisme (ou le respect pour les cyclistes) n'y est pas encore développée.

- **Citi Bike** (☎305-532-9494 ; www.citibikemiami.com ; location 30 min/ 1 heure/ 2 heures/4 heures/1 jour 4,50/6,50/10/18/24 $) est un système de vélos en libre-service avec de nombreuses bornes réparties à Miami et Miami Beach.
- Des plans papier du réseau sont disponibles à certaines bornes ou en ligne. Une application iPhone pratique indique où sont les stations les plus proches.
- Les imposants vélos Citi Bikes ne sont pas pratiques pour les longs trajets (sans casques ni antivol et avec seulement 3 vitesses). Louez plutôt chez **Bike & Roll** (☎305-604-0001 ; www.bikemiami.com ; 210 10th St ; location 2/4 heures/journée à partir de 10/18/24 $, circuits 40 $; ⏲9h-19h) ou chez **Brickell Bikes** (☎305-373-3633 ; www.brickellbikes.com ; 70 SW 12th St ; location 4/8 heures 20/25 $; ⏲10h-19h lun-ven, jusqu'à 18h sam).

Infos pratiques

Ambassades et consulats

Consulat de France (☎305 403 4150 ; www.consulatfrance-miami.org ; 1395 Brickell Ave, Suite 1050)

Consulat de Belgique (☎305 600 0982 ; www.consulmiami@gmail.com ; 100 N. Biscayne Blvd, Suite 500)

Consulat du Canada (☎305 579 1600 ; www.can-am.gc.ca/miami/menu.aspx ; 200 S. Biscayne Blvd, Suite 1600)

Consulat de Suisse (☎305 377 6700 ; The Four Ambassadors, 825 Brickell Bay Drive, Suite 1450)

Argent

- On trouve des DAB partout, mais la plupart des retraits effectués avec une carte bancaire étrangère à l'État de Floride entraînent un supplément d'environ 3 $.
- Les principales cartes bancaires sont généralement acceptées.
- Beaucoup de professionnels du tourisme dépendent des pourboires pour arrondir leur fin de mois. C'est le cas des bagagistes (laissez-leur 1 $/sac), des serveurs (15% ; 20% si le service est bon), des femmes de ménage (5 $ pour un week-end) et des chauffeurs de taxi (10-15% de la course).

Désagréments et dangers

Miami est une ville plutôt sûre, mais certains quartiers sont considérés comme dangereux par les habitants :

- Liberty City, au nord-ouest de Miami ; Overtown, de 14th St à 20th St ; Little Haiti et les bords de la Miami River.
- South Beach, notamment le long d'Ocean Dr, entre 8th St et 11th St, et les coins déserts en dessous de 5th St peuvent aussi être dangereux la nuit.
- Soyez prudent près des chaussées et des ponts où les SDF ont installé des bidonvilles.
- Dans ces quartiers et dans d'autres coins mal famés, mieux vaut éviter de se promener seul tard le soir, prenez un taxi.

Ouragans

La saison des ouragans de Floride va de juin à novembre, avec un pic en septembre-octobre. Rares sont les tempêtes de l'Atlantique et du golfe du Mexique qui se transforment en ouragan, et plus rares encore sont celles qui touchent la Floride, mais l'exemple de l'ouragan Irma en septembre 2017 invite à la plus grande prudence. Respectez toutes les alertes, tous les avertissements et ordre d'évacuation.

Les ouragans sont généralement repérés à l'avance et laissent le temps de se préparer. En cas de menace, écoutez la radio et la télévision. Pour plus de renseignements sur ces phénomènes et les mesures à prendre, contactez :

- **Florida Emergency Hotline** (☎800-342-3557). Dernières informations en cas d'alerte.
- **Florida Division of Emergency Management** (www.floridadisaster.org). Mesures à prendre en cas d'alerte.
- **National Weather Service** (www.nws.gov). Prévisions météo.

Électricité

Type A
120 V/60 Hz

Type B
120 V/60 Hz

Formalités et visas

- Il est conseillé de vérifier les conditions d'entrée et les diverses instructions concernant les visas avant d'arriver.
- Pour connaître les dernières dispositions, consultez le site du **Département d'État américain** (travel.state.gov/content/visas/en.html). Les Français peuvent aussi regarder le **site de l'ambassade américaine** (fr.usembassy.gov/fr/visas-fr/) ou les pages consacrées aux formalités sur le site francophone de l'**Office du tourisme américain** (www.office-tourisme-usa.com/etape-de-preparation/formalites-dentree-aux-etats-unis-passeport-esta-visa).
- Si vous emportez un ordinateur portable, une tablette ou un appareil photo numérique, assurez-vous que la batterie est chargée et que les officiers des douanes pourront en inspecter le contenu s'ils le souhaitent.

Visa Waiver Program

Un programme d'exemption de visa (Visa Waiver Program ou VWP) permet aux ressortissants de 38 pays dont la France, la

Belgique, le Luxembourg et la Suisse, de séjourner aux États-Unis sans visa, à condition de posséder un passeport sécurisé à lecture optique. La liste des pays est constamment réexaminée.

Il est nécessaire de se munir de :

➡ Un passeport conforme aux normes actuellement en vigueur aux États-Unis et valide au moins 6 mois après la fin du séjour.

➡ Un billet aller-retour ou de continuation.

➡ Une somme d'argent suffisante pour couvrir votre séjour.

➡ Des obligations dans votre pays garantissant votre retour (travail, domicile, famille...).

Un fil d'ARIANE en voyage

Vous êtes ressortissant français ? Pensez à vous enregistrer sur le **portail Ariane** (pastel.diplomatie.gouv.fr/fildariane) du ministère des Affaires étrangères. Ce service gratuit vous permet de recevoir des alertes si la situation le justifie. Crise politique, catastrophe naturelle, attentat... recevez en temps réel des consignes de sécurité lors de votre voyage.

ESTA

Les ressortissants des pays concernés par le VWP doivent remplir une autorisation électronique de voyage (ESTA) sur le site du **Département de la sécurité intérieure des États-Unis** (esta.cbp.dhs.gov/esta) jusqu'à 72 heures avant leur arrivée (mais faites-le le plus tôt possible). Les frais de dossier reviennent à 14 $; une fois acceptée, l'inscription est valable deux ans (à renouveler en cas de changement de situation) ou jusqu'à la date d'expiration du passeport.

Les Canadiens n'ont aucune formalité spécifique à effectuer (pas d'ESTA requis) ; ils doivent juste se munir d'un passeport valide pour séjourner jusqu'à 6 mois aux États-Unis.

Visas requis

Vous devrez faire la demande d'un visa auprès d'une ambassade ou d'un consulat américains dans votre pays d'origine si :

➡ Vous n'êtes pas ressortissant d'un pays relevant du VWP.

➡ Vous souhaitez séjourner plus de 90 jours.

➡ Vous souhaitez travailler ou étudier aux États-Unis.

Handicapés

➡ La plupart des bâtiments publics sont accessibles en fauteuil roulant et disposent de toilettes adaptées.

➡ Les transports publics sont généralement accessibles à tous.

➡ De nombreuses banques disposent de DAB avec instructions en braille.

➡ De nombreuses intersections fréquentées disposent de signaux audibles pour traverser et de trottoirs abaissés.

➡ L'**APF** (Association des paralysés de France ; ✆ 01 40 78 69 00 ; www.apf.asso.fr ; 17 bd Auguste-Blanqui, 75013 Paris) peut fournir des informations utiles sur les voyages accessibles. L'agence de voyages **Yoola** (www.yoola.fr) et l'association **Ailleurs**

& Autrement (www.ailleursetautrement.fr) organisent des voyages adaptés aux personnes à mobilité réduite. Yanous (www.yanous.com) et handicap.fr (www.handicap.fr) constituent également de bonnes sources d'information.

Heures d'ouverture

Sauf indications contraires, les horaires habituels à Miami sont les suivants :

Banques 8h30-16h30 du lundi au jeudi, 8h30-17h30 vendredi ; parfois 9h-12h30 samedi.

Bars À Miami, 17h-3h généralement ; à Miami Beach, la plupart des bars ferment à 5h.

Commerces 9h-19h du lundi au vendredi.

Restaurants Petit-déjeuner 7h-10h30 du lundi au vendredi ; brunch 9h-14h samedi et dimanche ; déjeuner 11h30-14h30 du lundi au vendredi ; dîner 17h-22h, plus tard vendredi et samedi.

Bureaux de poste 9h-17h du lundi au vendredi ; parfois 9h-12h samedi.

Magasins 10h-18h du lundi au samedi, 12h-17h dimanche ; les centres commerciaux ont des horaires prolongés.

Happy hour

Presque tous les bars ont un happy hour, généralement de 17h à 19h du lundi au vendredi. La plupart proposent des plats à prix réduit en plus des boissons.

Internet (accès)

➡ Les États-Unis et la Floride sont câblés. Pratiquement tous les hôtels et de nombreux restaurants et services ont un accès haut débit. À quelques exceptions près, les chambres d'hôtel et de motel ont une connexion Wi-Fi, généralement gratuite.

➡ Beaucoup de cafés, tous les McDonald's et les Starbucks offrent le Wi-Fi gratuit, et la plupart des grands lieux de transit ont des spots Wi-Fi.

➡ Pour connaître la liste des spots Wi-Fi (ainsi que des renseignements techniques et des infos sur l'accès), consultez **Wi-Fi Alliance** (www.wi-fi.org) et **Wi-Fi Free Spot** (www.wififreespot.com).

Jours fériés

Aux dates indiquées ci-dessous, les banques, écoles et administrations publiques sont fermées. Transports, musées et autres services fonctionnent comme un dimanche et de nombreux magasins maintiennent leurs horaires habituels. Quand un jour férié tombe un week-end, le lundi suivant est généralement chômé.

Nouvel An 1er janvier

Martin Luther King Jr Day Troisième lundi de janvier

Presidents Day Troisième lundi de février

Memorial Day Dernier lundi de mai

Independence Day 4 juillet

Labor Day Premier lundi de septembre

Columbus Day Deuxième lundi d'octobre

Veterans Day 11 novembre

Thanksgiving Quatrième jeudi de novembre

Christmas Day 25 décembre

Offices du tourisme

Greater Miami & the Beaches Convention & Visitors Bureau (305-539-3000 ; www.miamiandbeaches.com ; 701 Brickell Ave, 26e ét. ; 8h30-18h lun-ven). Quantité de renseignements sur Miami et informations à jour sur les événements et l'offre culturelle.

Art Deco Welcome Center (305-672-2014 ; www.mdpl.org ; 1001 Ocean Dr, South Beach ; 9h30-17h ven-mer, jusqu'à 19h jeu). Tenu par la **Miami Design Preservation League** (MDPL ; 305-672-2014 ; www.mdpl.org ; 1001 Ocean Dr ; circuits guidés tarif plein/étudiant 25/20 $; 10h30 tlj et 18h30 jeu), il offre une multitude de renseignements sur le quartier Art déco et organise d'excellents circuits pédestres.

Downtown Miami Welcome Center (305-448-7488 ; www.downtownmiami.com ; 100 NE 1st Ave ; 12h-17h lun, 10h-17h mar-sam). Fournit plans, brochures et renseignements sur les circuits dans Downtown.

Coral Gables Visitor Center (www.coralgables.com ; 285 Aragon Ave ; 9h-17h lun-ven, 10h-15h sam). Installé dans le Coral Gables Museum, cet accueillant centre fournit plein de bons plans pour visiter la ville.

Santé

En Floride comme dans tous les États-Unis, le niveau d'hygiène est élevé et le voyageur n'a pas à craindre particulièrement les maladies contagieuses. Aucun vaccin particulier n'est demandé et l'eau du robinet est sûre.

Morsures et piqûres

Méfiez-vous des bêtes suivantes :

➡ **Alligators et serpents** Ils n'attaquent l'homme que si celui-ci les surprend ou les menace. Si vous en rencontrez un, il suffit de reculer calmement. Il y a plusieurs espèces de serpents venimeux en Floride. En cas de morsure, faites-vous soigner immédiatement.

➡ **Araignées** Deux espèces venimeuses vivent en Floride : la veuve noire et l'araignée violoniste. Faites-vous soigner immédiatement en cas de morsure.

➡ **Méduses et raies** Évitez de nager en leur présence (signalée par les maîtres nageurs sauveteurs). Soignez immédiatement les piqûres ; elles sont douloureuses mais sans danger.

Soins médicaux

➡ Comme le reste du pays, la Floride est très bien équipée en matière d'hôpitaux. En général, en cas de problème médical sérieux, mieux vaut se rendre au service des urgences de l'hôpital le plus proche. Si vous ne souffrez ni de maux ni de blessures graves, appelez l'hôpital le plus proche ou le consulat et faites-vous recommander un médecin local.

➡ Les pharmacies (appelées drugstores) sont bien garnies, mais certains médicaments en vente libre dans d'autres pays ne sont délivrés que sur ordonnance aux États-Unis. Éventuellement, ayez une lettre signée et datée de votre médecin décrivant vos problèmes de santé et vos médicaments (avec leur nom générique).

Assurance santé

➡ Si le système de santé américain est excellent, il est aussi l'un des plus chers du monde. En cas d'accident ou de problème médical sérieux, l'absence de police d'assurance peut vous mettre dans une situation très délicate. Avant de souscrire une police d'assurance, vérifiez bien que vous ne bénéficiez pas déjà d'une assistance par votre carte de crédit, votre mutuelle ou votre assurance automobile.

➡ Les citoyens de certaines provinces canadiennes peuvent bénéficier jusqu'à un certain point d'accords de réciprocité des soins avec les États-Unis : renseignez-vous auprès des autorités de santé dont vous dépendez avant le départ.

➡ Ceux de tous les autres pays ne voyageront pas aux États-Unis sans assurance santé adéquate. Vous pouvez contracter une assurance qui réglera les hôpitaux et les médecins, vous évitant ainsi d'avancer des sommes qui ne vous seront remboursées qu'à votre retour.

Pas d'impair !

À faire Serrer la main et se présenter lorsque l'on rencontre quelqu'un pour la première fois.

À ne pas faire Parler de religion ou de politique. La situation peut s'envenimer quand les opinions divergent.

Téléphone

➡ Pour appeler Miami depuis l'étranger, composez le code d'accès international (☎00, ou ☎011 depuis le Canada), puis l'indicatif des États-Unis (☎1) suivi de l'indicatif régional de la Floride (☎305) et du numéro à 7 chiffres de votre correspondant.

➡ Pour appeler la France, la Belgique ou la Suisse depuis Miami, composez le ☎011, suivi de l'indicatif du pays (☎33 pour la France, ☎32 pour la Belgique, ☎41 pour la Suisse), suivi du numéro de votre correspondant sans le 0 initial.

➡ Pour appeler le Canada ou d'autres régions des États-Unis depuis Miami, composez le ☎1, puis l'indicatif régional suivi du numéro de votre correspondant à 7 chiffres.

Téléphones portables

➡ Hormis l'iPhone, la plupart des portables aux États-Unis passent par le réseau CDMA, plutôt que le GMS ; assurez-vous de la compatibilité auprès de votre opérateur.

➡ Si vous avez besoin d'un téléphone, de nombreuses boutiques (Verizon, T-Mobile ou AT&T) en proposent à petits prix avec recharge prépayée.

➡ Pour des précisions sur les smartphones, reportez-vous p. 18.

Toilettes

On trouve des toilettes publiques dans certains parcs et divers postes de secours sur les plages. Autrement, elles sont assez rares.

Urgences

Ambulance, police, pompiers ☎911.

Langue

En raison de leur histoire et de la diversité de leur population, les États-Uniens pratiquent, pour la plupart d'entre eux, plusieurs langues. L'anglais, parlé dans tout le pays, n'a pas été désigné comme langue officielle fédérale des États-Unis. Du fait de l'importance de la population hispanique, l'espagnol est la deuxième langue la plus parlée dans le pays.

Expressions courantes

Bonjour/salut.
Hello/Hi. — *hè*·lo/haï

Au revoir.
Goodbye. — goud·*baï*

Excuse(z)-moi.
Excuse me. — ek·*skyouz* mi

Désolé(e).
Sorry. — *so*·ri

S'il vous (te) plaît.
Please. — pliiz

Merci.
Thank you. — *Sank* you

Oui./Non.
Yes./No. — yès/neo

Parlez-vous français ?
Do you speak french? — dou you spik *frènn*·ch

Je ne comprends pas.
I don't understand. — aï *dont* eunn·deur·*stand*

Comment allez-vous/vas-tu ?
How are you? — *hao* âr you

Bien. Et vous/toi ?
Fine. And you? — faïnn annd *you*

Au restaurant

Je suis végétarien(ne).
I'm vegetarian. — aïm vèdjè·*teu*·rieunn

Santé !
Cheers! — tch*iirz*

C'était délicieux !
That was delicious! — zat woz dè·*li*·cheus

L'addition s'il vous plaît.
The bill, please. — zeu bil pliiz

Je voudrais..., s'il vous plaît.
I'd like..., please. — aïd *laïk*... pliiz

une table pour (deux)	*a table for (two)*	eu *téï*·beul for (tou)
ce plat	*that dish*	zat *dich*
la carte des vins	*the wine liste*	zeu *waïnn* list

Shopping

Je cherche...
I'm looking for... — aïm *lou*·kiinng for...

Combien est-ce que ça coûte ?
How much is it? — hao meutch iz it

C'est trop cher.
That's too expensive. — zats *tou* èx·*pènn*·siv

Pouvez-vous baisser le prix ?
Can you lower the price? — kann you lao·wèr zeu *praïs*

Urgences

Au secours !
Help! hèlp

Appelez un médecin !
Call a doctor! kôl eu *dok*·teur

Appelez la police !
Call the police! kôl zeu po·*liis*

Je suis perdu(e).
I'm lost. aïm lost

Je suis malade.
I'm sick. aïm sik

Où sont les toilettes ?
Where's the bathroom? wèrz zeu *bass*·roum

Heure et chiffres

Quelle heure est-il ?
What time is it? wat *taïm* iz it

Il est (1/13) heure(s).
It's (one am/pm) o'clock. its (wann èï·èm/pi·èm) ok·*lok*

matin	*morning*	*mor*·ninng
après-midi	*afternoon*	af·teur·*noun*
soir	*evening*	*iv*·ninng
hier	*yesterday*	*yès*·teu·dèï
aujourd'hui	*today*	tou·*dèï*
demain	*tomorrow*	tou·*mo*·ro

1	*one*	wann
2	*two*	tou
3	*three*	srii
4	*four*	fôr
5	*five*	faïv
6	*six*	six
7	*seven*	*sè*·veunn
8	*eight*	eït
9	*nine*	naïnn
10	*ten*	tèn

Transports et orientation

Où est...?
Where's...? wèrz...

Quelle est l'adresse ?
What's the adress? wats zi a·*drès*

Pouvez-vous me montrer (sur la carte) ?
Can you show me (on the map)? kann you *chô* mi (onn zeu *map*)

Un billet pour..., s'il vous plaît.
One ticket for... please. wann *ti*·kèt for... pliiz

À quelle heure part le bus/le train ?
What time does the bus/train leave? wat *taïm* daz zeu beus/tréïn liiv

Je voudrais un taxi.
I'd like a taxi. aïd laïk eu *tak*·si

Ce taxi est-il libre ?
Is this taxi free? iz zis *tak*·si frii

Arrêtez-vous ici, s'il vous plaît.
Please stop here. pliiz stop hiir

Hébergement

Où puis-je trouver un hôtel ?
Where's a hotel? wèrz eu ho·*tèl*

Je voudrais réserver une chambre.
I'd like to book a room. aïd laïk tou bouk eu *roum*

J'ai une réservation.
I have a reservation. aï hav eu rè·zèr·*véï*·cheun

En coulisses

Vos réactions ?

Vos commentaires nous sont très précieux pour améliorer nos guides. Notre équipe lit vos lettres avec la plus grande attention et prend en compte vos remarques pour les prochaines mises à jour. Pour nous faire part de vos réactions, prendre connaissance de notre catalogue et vous abonner à notre newsletter, consultez notre site Internet : **www.lonelyplanet.fr**

Nous reprenons parfois des extraits de notre courrier pour les publier dans nos guides ou sites Web. Si vous nwe souhaitez pas que vos commentaires soient repris ou que votre nom apparaisse, merci de nous le préciser. Notre politique en matière de confidentialité est disponible sur notre site Internet.

Remerciements de Regis

D'innombrables personnes m'ont aidé au cours de mes recherches, et je remercie les guides des parcs nationaux, propriétaires d'hôtels, serveurs de restaurants et barmen qui m'ont donné des conseils et des renseignements sur la Floride du Sud. J'aimerais aussi remercier Cassandra et nos filles, Magdalena et Genevieve, qui ont rendu le voyage à Miami encore plus agréable.

Crédits photographiques

Photographie de couverture : Chevrolet Bel Air de 1955 et cafés sur Ocean Drive, Russell Kord/Alamy ©

Photographie de la table des matières : South Beach, Miami, Miami2you/ Shutterstock ©

À propos de cet ouvrage

Cette 1re édition du guide *Miami en quelques jours* est une traduction-adaptation de *Pocket Miami* (1re édition) écrite et coordonnée par Regis St Louis.

Traduction
Aurélie Belle et Jeanne Robert

Direction éditoriale
Didier Férat

Coordination éditoriale
François Capelani

Responsable pré-presse
Jean-Noël Doan

Maquette Gudrun Fricke

Cartes adaptées en français par Caro Sahanouk

Couverture adaptée en français par Laure Wilmot

Merci à Maud Bruguière pour sa relecture attentive, à Dominique Bovet et Dominique Spaety pour leur aide précieuse.
Merci également à Heather Champion, Jane Grisman, Corey Hutchison, Sandie Kestell, Gary Rafferty, Kathryn Rowan, Angela Tinson, Maureen Wheeler.

Index

Voir aussi les index des rubriques :

Se restaurer p. 164

Prendre un verre p. 165

Sortir p. 166

Shopping p. 166

Référence des **sites**
Référence des **cartes**

Référence des **sites**
Référence des **cartes**

Prendre un verre

Sortir

Shopping

Référence des **sites**
Référence des **cartes**

L'auteur

Regis St Louis

Regis a grandi dans une petite ville du Midwest américain – le genre d'endroit qui stimule les rêves de grands voyages – et a développé très tôt une fascination pour les dialectes étrangers et les cultures du monde. Durant ses études, il a appris le russe et plusieurs langues romanes, ce qui lui a été utile lors de ses nombreux voyages. Regis a contribué à plus de 50 titres Lonely Planet, couvrant des destinations sur six continents. Ses périples l'ont conduit des montagnes du Kamchatka aux villages isolés de Mélanésie, en passant par de nombreux paysages urbains grandioses. Lorsqu'il n'est pas sur la route, il vit à La Nouvelle-Orléans. Suivez-le sur www.instagram.com/regisstlouis.

Miami en quelques jours
1re édition
Traduit et adapté de l'ouvrage *Pocket Miami, 1st edition, January 2018*

© Lonely Planet Global Limited 2018
© Lonely Planet et Place des éditeurs 2018
Photographies © comme indiqué 2018

Dépôt légal Mars 2018
ISBN 978-2-81617-096-2
Imprimé par L.E.G.O. Spa (Legatoria Editoriale Giovanni Olivotto), Italie

Bien que les auteurs et Lonely Planet aient préparé ce guide avec tout le soin nécessaire, nous ne pouvons garantir l'exhaustivité ni l'exactitude du contenu. Lonely Planet ne pourra être tenu responsable des dommages que pourraient subir les personnes utilisant cet ouvrage.

En Voyage Éditions | un département place des éditeurs

Tous droits de traduction ou d'adaptation, même partiels, réservés pour tous pays. Aucune partie de ce livre ne peut être c enregistrée dans un système de recherches documentaires ou de base de données, transmise sous quelque forme que c par des moyens audiovisuels, électroniques ou mécaniques, achetée, louée ou prêtée sans l'autorisation écrite de l'éditeur à l'exception de brefs extraits utilisés dans le cadre d'une étude.

Lonely Planet et le logo de Lonely Planet sont des marques déposées de Lonely Planet Global Limited.

Lonely Planet n'a cédé aucun droit d'utilisation commerciale de son nom ou de son logo à quiconque, ni hôtel ni restauran ni boutique ni agence de voyages. En cas d'utilisation frauduleuse, merci de nous en informer : www.lonelyplanet.fr